기업과 개인의 경쟁력이 있는 이미지 구축

고객서비스 테크닉

원융희 지음

백산출판사

책머리에

오늘날 우리 모두는 서비스시대에서 생활하고 있다.

서비스를 한낮 '친절 · 봉사'라는 추상적 구호만으로는 우리들의 전통적 사고의 한계를 극복하기 어려운 문제로 대두되었다. 그러므로 우리 주변에는 많은 서비스테크닉의 구호가 많지만 서비스테크닉의 실체를 찾기 힘든 아이러니가 있게 된 것이다.

원래 서비스의 본질은 기능성 · 정서성 · 삼원적(三元的) 복합체로서 상호연관 작용에서 생성되어지는 것이며, 이것이 직업사회에 보편화됨으로써 쾌적한 서비스 환경을 즐길 수 있는 문명사회가 될 것이다. 그래서 서비스의 개념을 이해하고 대고객서비스 행동사례에 대한 연구를 통해 고객서비스 테크닉을 성공적으로 추진하기 위한 실현 가능한 실천방안을 규명하는데 그 목적이 있다 할 수 있다.

우선 서비스는 무엇인가에 대하여 올바른 이해가 있어야 하겠다. 고객이 없는 사람은 아무도 없다. 일본의 소니사는 '나를 제외하고 모두가 고객'이라는 신념을 갖고 있다. 국민과 시민은 대통령과 시장의 고객이다. 국민은 정책이라는 상품과 행정서비스를 살 권리도 사지 않을 권리도 있다. 고객이 없는 사람은 아무도 없다. 고객을 대하는 기본 출발은 서비스 자세에서부터 시작되고, 국민이나 시민은 대통령과 시장의 고객인 것이다.

최근에는 감성시대, 돈 안 드는 서비스 바이러스가 강조되고 있다. 상품 자체만으로는 이제 고객만족은 물론 경쟁력, 차별성을 부각시킬 수 없다. 모든 업종이 서비스업으로 바뀌고 있는 요즘, 서비스에 대한 올바른 이해와 서비스테크닉, 리더십에 새로이 도전함으로써 자신의 서비스 능력개발과 비전을 가져야 한다. 우리나라 기업들의 서비스 현실을 분석하고 대안을 제시하는 "고객을 행복하게 하는 서비스 바이러스"는 무엇인지 살펴보아야 할 시대가 도래한 것이다.

특히, CEO의 서비스 바이러스가 직원을 감염시키고 직원들 스스로가 서로에게 감염시켜 서비스 문화를 형성해 나가고 이를 통해 감염된 고객들이 주변사람에게 감동받은 서비스를 감염시켜 결국은 서비스에 감염된 모든 구성원과 조직, 고객이 행복해졌으며 이는 기업에게 이익을 가져다주는 결과를 가져올 수 있는 것이다. 서비스테크닉은 고객을 감동시키는 기술이다. 고객을 감동시킬 수 없고 재방문을 유도할 수 없는 서비스테크닉은 가치가 없다. 서비스테크닉은 고객에게 친절만을 베푸는 것이 아니라 궁극적으로는 고객을 움직여서 수익을 창출하는 데 목적이 있다.

여기에서 우리는 다음과 같은 "서비스테크닉"이라는 유사한 의미의 단어를 함께 생각해 볼 필요성도 제기해 보아야 할 것 같다.

서비스테크닉이란?

서비스테크닉, 서비스기법, 서비스기교, 서비스솜씨, 서비스수법, 서비스기술

그리고 "서비스가 아니라 테크닉"이어야 한다는 주장도 눈여겨 볼 필요가 있다.

"서비스가 아니라 테크닉이다."

서비스를 실천하는 것은 쉽다. 그런데 문제는 남들과 별반 다르지 않다는 것이다. 다르지 않기 때문에 특이해 보이지 않고 그렇기 때문에 영업에 큰 차이가 드러나지 않는다는 점이다.
백반과 밥상은 같으면서도 다르다. 이처럼 서비스와 테크닉은 같으면서도 다르다. 테크닉을 길러내야 한다. 테크닉에 호감을 가질 수 있도록 장치하고, 포장하고, 연출한다면 웬만한 서비스를 능가할 수 있다. 테크닉을 서비스를 포괄한 거시 개념으로 생각해봐야 할 대상인 것이다. 물론 기조는 진정성이다. '눈가리고 아웅'이 아니라 진심이 담겨진 테크닉의 결과가 서비스를 능가할 수 있다.

과정은 다르지만 21세기에 들어오면서 기업에서 서비스테크닉이 중요하게 평가되면서 새로운 경영이념 차원에서 각광을 받고 있는 것은 사실이다. 이러한 추세 속에서 고객만족과 서비스 효율화 방안의 일환으로 이론적 배경을 핵심적이면서도 간략하게 고찰해 볼 수 있었던 기회였다고 볼 수 있다.

이렇듯 서비스가 각광을 받아 많은 서비스기업들이 도입하기 시작한 이유는 세계시장으로서의 성숙화에 따라 경쟁이 격화되

고 보다 질 높은 서비스 경영방식의 도입이 필요해졌기 때문이다. 그 이유는 어느 업종이나 성숙시장에 들어가 보다 좋은 상품과 서비스를 제고하여 고객의 만족을 얻지 않으면 계속적으로 자기회사의 제품을 구입하게 하는 것이 불가능해졌기 때문이다. 서비스는 단순히 고객의 서비스 개선을 위한 일관성 캠페인이 아니라, 고객이 만족할 수 있는 완벽한 서비스를 만들어내기 위해 지속적으로 개선활동을 전개해 나가는 전체적인 경영혁신운동이다.

서비스테크닉이라는 말은 간단하지만 어떻게 하면 그것을 현실의 것으로 할 수 있을까에 대한 제안을 시도해 보자고 한 것이 이 책의 목적이다. 이를 위해서 서비스테크닉의 이론적 배경은 물론 실천적 행동을 중심으로 제시하는데 주력하였다. 결과적으로, 이 책은 새로운 시대에 새로운 이념 제시와 방법론적으로 접근한 결과 개인과 기업이 처한 현실적인 문제의 돌파구 역할을 하게 될 것이라 믿는다.

2012년 6월

화창한 봄날 올림픽공원을 바라보면서

仁山 원융희 씀

차 례

Chapter 01 서비스의 이해

Chapter 02 커뮤니케이션 테크닉

Chapter 05 서비스 만족

Customer Service Technic

CHAPTER 1
서비스의 이해

❶ 서비스의 의미
❷ 서비스의 분류

“서비스 선순환의 원리”

고객에게 관심과 배려, 성의를 제공하는 것을 친절이라 한다. 친절을 제공받은 사람이 친절을 베푼 사람에게 감사하게 생각해 칭찬과 격려, 성원을 해주는 것을 인정이라고 한다. 친절과 인정을 서로 주고받으면 만족하고 감사하며 감동까지 하게 된다. 그야말로 ‘윈-윈’이고 상생(相生)이며 쌍방 간 선순환의 삶을 누리게 된다는 것이다.

서비스의 개념은 서로가 서로에게 기쁨과 보람, 성취와 행복을 느끼게 하는 선순환의 원리에 입각해 행동해야 한다.

1 서비스의 의미

1 문제의 제기

오늘날 우리는 서비스시대에서 생활하고 있다. 그러나 서비스는 원래 서구문화의 토양에서 생성된 것으로 동양 문화권에서의 정착을 위해서는 무엇보다 우리 모두가 서비스의 올바른 이해가 선행되어야 할 것이다.

서비스를 한낮 '친절 · 봉사'라는 추상적 구호만으로는 우리들의 전통적 사고의 한계를 극복하기 어려운 문제이다. 그러므로 우리 주변에는 많은 서비스의 구호가 많지만 서비스의 실체를 찾기 힘든 아이러니가 있게 된 것이다.

서비스의 본질은 기능성 · 정서성 · 삼원적(三元的) 복합체로서 상호연관 작용에서 생성되어지는 것이며, 이것이 직업사회에 보편화됨으로써 쾌적한 서비스 환경을 즐길 수 있는 문명사회가 될 것이다. 그래서 여기에서 서비스의 개념을 이해하고, 대고객서비스행동 사례에 대한 연구를 통해 고객서비스 테크닉을 성공적으로 추진하기 위한 실현 가능한 실천방안을 규명하는데 그 목적이 있다.

궁극적으로 여러분은 서비스 제공자로서 또는 서비스 제공의 성공을 위해 부서에서 필요한 접근방식을 결정하여야 한다. 이러한 접근방식을 결정하기 위해서는 먼저 대고객 서비스 담당자의 관점에서 당신의 역할을 분명히 하기 위해 여기에서 논의되어지는 질문에 답하여야 한다.

2 서비스란?

우리가 부담 없이 말하고 있는 일상 언어 가운데는 잘 알고 있는 것 같으면서도 사실은 개념이나 내용이 분명치 않은 것이 있다. 서비스라는 말은 그러한 언어 가운데 전형적인 것 중의 하나라고 할 수 있다.

오늘날 서비스라고 하면 들어보지 못한 생소한 말이라고 할 사람은 아무도 없을 것이다. 누구나 이 말은 흔히 듣고 사용해 본 말일 것이다. 그럼에도 불구하고 "서비스가 무엇입니까"라고 물었을 때 즉시 명쾌하게 답변할 수 있는 사람은 극히 드물 것이라고 생각한다.

실험삼아 당신은 우선 자기 자신에게 물어보는 것이 좋을 것이다. 서비스란 무엇인가? 그것은 무엇을 가리키는 말인가?

우리들 생활 주변을 둘러보면 여러 가지 서비스가 있음을 볼 수 있다. 할인을 해주는 것이 서비스라고 하는 사람도 있고, 음식을 빨리 내오는 것을 서비스라고 하는 사람도 있고, "별다른 특별한 것이 없어도 당신의 웃는 모습이 좋아, 그게 바로 서비스야."라는 고객도 있을 것이다.

서비스라는 것은?

서비스의 특성	모순된 서비스	질높은 서비스		
상대가 있는 것	서비스를 '코스트'로 생각한다.	서비스는 또 한 가지의 상품이다.		만족 제공업 · 행복 제공업화 서비스 매니지먼트
상대에 대하여 그 자리에서 제조하고, 상대에 의해 그 자리에서 소비된다.	수준이 낮은 기업 간 경쟁	수준 높은 기업 간 경쟁		
	수동적인 後追型의 서비스	서비스라는 것은 적극적으로 제공을 계속하는 것		
사전에 경험(시험하는 것)이 불가능하다.	고객에게의 스트레스 생산법 고객에게의 불만족 제조업 하드발상의 서비스	고객의 필요, 만족을 충족시키기 위한 키워드 ① 쾌적 ② 편리 ③ 안전 ④ 안심 ⑤ 여유 ⑥ 재미 ⑦ 즐거움 ⑧ 스피드 ⑨ 청결감 ⑩ 리듬 ⑪ 밝기(명랑) ⑫ 생기감	거의가 기계화 쪽으로 방향을 돌린다.	
서비스를 제품과 같이 보존한다든지 재고로 둔다는 것은 불가능하다.	① 희생적인 서비스 즉 누군가는 득을 보고, 누군가는 희생되어진 것은 서비스가 아니다.	① Sincerity and Speed Smile 성의, 스피드, 스마일이 없으면 안 된다. ② Energy 생동감 있는 힘이 넘치지 않으면 안 된다. ③ Revolutionary 신선하고 혁신적이지 않으면 안 된다. ④ Valuable 가치 있는 것이어야 한다. ⑤ Impressive 감명 깊은 것이어야 한다. ⑥ Communicate 커뮤니케이트가 없으면 안 된다. ⑦ Enetertain 인간적 대우의 배려가 없으면 안 된다.	인적 서비스로서는 ①~⑦까지의 내용이 동지점으로 전부 정리되어 있는 것을 지향한다.	
	② 외관적인 서비스, 매뉴얼적 서비스로 될 수 없다. 예를 들어, 머리를 숙여 인사하는 법과 보통 인사도 형태만의 것			
소위 서비스라는 것은 표준화가 어렵고 소홀함이 발생하는 쉬운 것이다.	③ 불합리적 서비스 고객을 위해서라고 하면서도 실제로는 자신을 위해 실시하는 것은 서비스가 아니다. 예를 들어 고객의 부재, 자신의 실수를 위한 합리화 등	연동하는 정책 ① 고객정보관리 ② CS(고객만족) · 서비스 ③ 정신건강 ④ 지원 ⑤ ①~④의 시스템화 ⑥ SIS		

서비스의 정의

① 우리의 재화·봉사·친절을 통해
② 고객을 만족시켜 주고, 그것을 통해
③ 우리들이 기쁨과 편안함·행복을 느끼는 것
④ 말과 이론이 아닌 실천·행동이다.

Give One Way Communication	→	Give & Take Two Way Communication	• 주고받는다. • 기쁨을 주면 기쁨이 온다. • 만족을 팔면 만족을 산다.

3 서비스의 특성

서비스산업이 광범위하고 다양하게 발달함에 따라 서비스에 대한 개념이 확대되었으며, 서비스산업의 규모가 커짐에 따라 서비스에 대한 마케팅이 부각되고 있다. 이러한 시점에서 서비스 마케팅이 독립적으로 취급될 수 있는 근거는 서비스의 여러 가지 특성이 존재하기 때문이다. 즉 서비스는 유형의 제품에서는 볼 수 없는 여러 가지 특성을 가지고 있으며, 이는 마케팅 프로그램을 설계하는데 영향을 미친다.

서비스의 특성 중 널리 알려져 있는 것은 무형성, 비분리성, 변화성(이질성), 소멸 가능성이며, 슈와 스미스(Shew & Smith)는 "제품과 서비스를 구분하는 특성은 유형성(tangibility), 소멸성(perishability), 표준화(standardization), 생산과 배달에 구매자의 참여가 된다."고 주장하고 있다.

위와 같이 서비스는 그 의미가 시간이 지남에 따라 또는 환경의 변화에 따라 다소간의 변화가 있기는 하지만, 그 내용을 종합해 보면 서비스는 사람들이나 또는 다른 목적물에 대해 인간과 기계를 이용 또는 적용시켜 나온 결과로서 무형적인 상태가 지배적인 제품이라고 정의할 수 있다.

서비스의 특성에 따른 문제점과 해결 전략

서비스의 특성	문제점	문제해결을 위한 전략
무형성	• 저장이 불가능하다. • 특허로 보호가 곤란하다. • 진열이나 커뮤니케이션 활동이 곤란하다. • 가격설정의 기준이 명확하지 않다.	• 실체적 단서를 강조한다. • 인적 접촉을 강화한다. • 구전의 중요성을 인식한다. • 기업 이미지를 세심히 관리한다. • 가격 설정에 원가회계시스템을 이용한다. • 구매 후 커뮤니케이션을 강화한다.
비분리성	• 서비스 제공시 고객이 개입한다. • 집중화된 대규모생산이 곤란하다.	• 서비스 제공자의 선발 및 교육에 섬세한 고려를 한다. • 고객을 관리한다. • 여러 지역에 서비스망을 구축한다.
이질성	• 표준화와 품질통제가 곤란하다.	• 서비스의 공업화 내지는 개별화의 전략을 시행한다.
소멸성	• 재고로서 보관하지 못한다.	• 수요와 공급 간의 조화를 이룬다.

Key Point

1. 오늘날 모두는 서비스지대에 생활하고 있다.
2. 친절, 봉사라는 구호만으로는 어려운 문제이다.
3. 서비스의 본질은 기능성, 정서성, 직업성의 복합체이다.
4. 누가 나의 고객인가?
5. Give and Take의 Two Way Communication이다.
6. 서비스의 특성은 무형성, 비분리성, 이질성, 소멸성이다.
7. 서비스 특성에 따른 문제해결 전략

2 서비스 분류

1 서비스 분류의 의미

우리나라에서 서비스에 대한 연구는 제품에 대한 연구와 비교하면 상당히 뒤떨어져 있다. 먼저 1차 · 2차 · 3차 산업의 개요를 살펴보면, 일반적으로 농업 · 임업 · 수렵업 · 수산양식업 등을 합하여 제1차 산업이라고 하고, 광업 · 건설업 · 제조업 등을 제2차 산업이라고 하면서 나머지 것들을 우리는 제3차 산업이라고 부르고 있다.

클라크(Green Clark)는 "물재의 생산단계에서 소재를 수집하는 제1차 산업과 이것을 가공하는 제2차 산업으로 분류하고, 나머지의 것을 제3차 산업"이라고 생각했다. 당시의 제3차 산업은 기타 산업으로 말하고 있었지만, 지금의 제3차 산업은 전산업의 과반수 이상을 점유하고 있기 때문에 좀 더 확대하여 분류하는 것이 바람직할 것이다. 그러나 우리가 편의상 물적 산업과 함께 서비스재를 상품으로 하여 생산하는 산업을 '서비스산업'이라고 부르고 있다.

2 서비스 형태에 따른 분류

1) 정신적 서비스

'고객은 항상 옳다.' 하나의 신앙에 가까울 만큼 이런류의 사상이 적어도 교과서상에서는 오랫동안 소매상이나 서비스업의 지도이념이 되어왔다. 사업은 '고객에 대한 봉사이다.'라고 하는 경영관이다.

이러한 이념은 말할 나위 없이 고상한 것이라고 보아야 할 것이다. 어떠한 일에도 행동에는 그 뒤에 하나의 신념 또는 같은 말이 되지만, 철학이 뒤따르지 않으면 안 된다. 소매상이든 또는 서비스업이든 가릴 것 없이 오늘날의 많은 기업에서는 그와 같은 철학이 점점 퇴색해 가는 느낌이 든다.

"천만에, 철학은 있어! 그것은 벌어야 한다는 것이다." 이와 같이 말하는 경영자도 간혹 있다. 그러고 보면 이익을 추구한다고 하는 것은 그 자체로서는 상당히 솔직한 꾸밈없는 사업가의 소리라고 할 수 있다. 경영을 유지하기 위해서는 그 성장 · 발전을 약속하기 위해서, 한편 주주의 신뢰에 보답하고 또 기업 내의 동지적 결합인 종업원에게 보다 잘 보답하기 위해서 기업은 이익을 확보 · 축적하는데 한층 더 노력을 다하지 않으면 안 된다. 흑자를 기록하지 못하는 기업은 당사자가 아무리 아름다운 언변으로 변명을 하더라도 기업이라는 이름을 붙여 주기가 힘들다고 할 밖에는 없다.

그러나 간혹 지적되는 것처럼 이익은 사업 활동의 결과 또는 보수이지 목적 그 자체는 아닌 것이다. 사업의 목적은 그 기업이

거기에 전문화되어 있는 것의 비즈니스 활동 의류 메이커라면 보다 좋은 재질의, 보다 입기 좋은 의류를 보다 적절한 가격으로 생산한다는 것, 호텔이면 보다 확장된 보다 위생적인 숙박설비를 보다 즐거운 분위기 속에서, 보다 풍부한 음식물이나 종업원의 접객행동을 곁들여서, 이것 또한 보다 적절한 요금으로 제공한다고 하는 것을 통해서 사회의 기대에 보답한다는 데 있을 것이다. 사회는 그러한 기대를 가지고 있기 때문에 각 기업의 사업권을 맡기고 있는 것이다.

이러한 사업권은 제법 규범적이고, 또한 윤리적 관념론과 같이 보여질지 모른다. 그러나 그렇지는 않다. 오히려 그 본질은 극히 기능 중시적인 견해일 것이다. 분업에 따라서 개개의 기업이 각각 전문화된 비즈니스 활동을 맡고 있기 때문에 프로의식을 가지고 완전한 일을 해낸다는데 제일의 적인 목표를 두는 것이 오히려 당연한 것이 아닌가 하는 생각이다.

이와 같이 기능중시적인 입장에선 사회봉사의 이념을 앞서 예를 든 "고객은 항상 옳다"고 하는 식의 서비스정신이 대표하는 것이라면 할 말이 없다. 그것은 사업경영의 백 본(Back Bone)으로서 모든 산업분야에서 원래대로 좋은 철학이라고 할 수 있을 것이다. 그러나 지금까지 설명해 온 서비스정신은 그와 같이 받아들여지지는 않는다. 말하자면 그것은 사회의 대중에게 일 자체를 통하여 봉사한다는 것보다도 '감사합니다', '고맙습니다'로 항상 굽실거리고 미소지으면서 고객을 대하는 방식을 시사해 온 것처럼 느껴지기 때문이다.

고객에게 정중한 태도로 대하고 고객에게 이러쿵저러쿵 친절을 보이려 하는 것 그 자체는 하등의 비난을 받을 만한 일이 아니다. 그러나 오늘날 고객에 대한 봉사의식은 특정의 개인 고객을 바보스럽게 정중히 모시는 것이 아니라, 설령 자기는 소규모의 기업일지라도 고객을 사회적 집단으로 보고 거기에 본래의 사업을 통해서 하자 없이 봉사한다는 데 있을 것이다. 더욱이 사업 그 자체보다도 그에 대한 플러스알파인 표면적인 태도나 물질을 초월한 곳에 중점을 두는 것이 서비스정신의 주체가 되고 있다.

기업이라고 한다면 그 상대로는 반드시 고객이 존재한다. 그 고객에 머무는 것이 아니고 더 나아가 사회에 이바지하려고 생각하는 것은 기업인이 하는 당연한 일이라고 해야 할 것이다. 그것을 소리 높여 새삼스럽게 서비스정신 운운하고 외쳐대는 것은 그 자체가 참으로 유치한 일이다. 그러한 상태를 기업은 빨리 졸업해야 할 것이라고 생각한다.

2) 태도 · 표현 서비스

정신적인 면에서의 서비스는 문자 그대로 그 자체는 막연하고 추상적인 존재이다. 우리 회사의 방침은 고객에게 철저한 서비스를 제공하는 것이라고 외쳐도 “우리들은 어떻게 하면 됩니까?” 라고 사원들이 반문해 온다면 명쾌한 답이 나오질 않는다. 답이 나오지 않는다기보다는 하나의 답 밖에 나올 수 없다고 하는 것이 옳을 것이다. 어떤 답일까? 소위 고객을 접대하는 경우 태도나 말씨를 잘하라는 정도의 답일 것이다.

흔히 이런 경우에도 경영자는 접객 측면에서 만이 아니라 모든 일을 행하는데도 고객중시의 의식을 반영하라는 등의 지시를 내리고 싶을 것임에 틀림없다. 그러나 그러한 식의 요구는 너무나도 추상적이어서 종업원에게는 먹혀들기가 힘들다는 것일 뿐이다. 결과적으로는 고객과 접촉하는 범위에서만 — 따라서 관계자는 종업원이거나 접수계나 창구담당자라든가 하는 사람들에게만 — 그 이념이 구체화되는 것이 통상일 것이다.

그와 같이 정신이라고 하는 것은 구체적으로는 태도나 말씨에 나타나지만, 그것을 다시 엄밀한 견해로 분해해 볼 필요가 있다.

3 서비스평가에 따른 분류

1) 서비스의 형태

서비스에 대한 평가가 어떻게 행하여지고 있는가를 생각하기 위해서 우리가 이용하고 있는 서비스를 분류하면 평가라는 관점에서는 다음의 네 가지 형태로 구분할 수가 있다.

① 주로 기능적인 측면에서의 편익 제공 : 전화, 전기, 가스 등의 서비스(공공서비스)에 대표되는 것

② 주로 기능적인 측면과 정서적인 면과의 양면에서의 편익 제공 : 많은 비즈니스 활동은 이 양면에서의 편익을 제공하고 있고, 그 짜임새도 여러 가지이다. 교통업과 같이 ①에 가까운 것도 있고, 호텔, 음식업 등과 같이 상대적

으로는 ③에 가까운 것도 있다.

③ 주로 정서적인 측면에서의 편익 제공 : 접객서비스업의 어떤 종목에 대표되는 것

④ 실질적 · 경제적인 이득 : 서비스상품 · 서비스가격이라는 말로서 표시되는 것으로써 또한 '끼워 주는 것은 공짜'식의 것도 포함된다. ①에서 ③까지의 것과는 질이 다른 형태이다.

그러면 이와 같은 분류가 서비스에 대한 평가를 생각하는데 어떤 뜻을 가지는 것일까.

우리는 어떤 형태의 서비스에 대해서 그것을 좋다 혹은 좋지 못하다는 말을 하고 있는가를 생각하면 기능적인 측면이란 객관적으로 인정할 수가 있다는 뜻이며, 이러한 측면에서의 서비스를 기능적 서비스라 부르기로 한다.

이에 대해서 정서적인 측면이란 개개인의 주관적인 판단에 의한 것이고, 서비스로서 느끼느냐 안 느끼느냐는 사람에 따라 다른 종류의 것을 말하며, 이런 측면에서의 서비스를 정서적 서비스라고 부르기로 한다.

이들 어휘의 뜻은 기능적인 측면에서의 편익을 제공하는 것이 일반적인 뜻으로서의 서비스사업이고, 그것이 어떤 종류의 편익인가에 따라서 서비스업으로 분류할 수 있다. 그러나 "저 점포의 서비스는 좋다", "그래? 그렇지만 나는 그렇게 생각하지 않는데…" 라는 대화에서 볼 수 있듯이, 서비스의 평가는 반드시 객관적으로 인정할 수 있는 일에만 근거하고 있는 것은 아닌 것이다.

2) 기능적 서비스의 성격

서비스의 양 · 불량 기능성과 정서성의 짜임에 의한 편익에 있어서 문제가 된다고 하는 것은 우선 평가의 대상이 되는 서비스에는 어느 정도의 객관성을 지닌 기능적인 측면에서의 편익의 제공이 불가결하다는 것을 의미하고 있다. 그리고 실제로 제공하고 있는 기능적인 서비스의 종류에 따라서 서비스 활동은 각각 사업 분류가 되고 있는 것이다.

즉 인간의 공간적 이동에 관계되는 일이 교통서비스이고, 정보의 수집 · 가공 · 배포를 행하는 일이 정보서비스이다. 또는 한 상품의 집하 · 수송 · 보관 · 분배와 같은 일련의 업무를 담당하고 있는 것이 유통서비스이고, 사람들의 일시적 체류에 관계되는 여러 가지 편익들을 제공하고 있는 것이 숙박서비스이다. 기능적 측면에서의 편익 제공이 없는 경우에는 서비스가 있다고는 인정되지 않으며, 따라서 서비스에 대한 평가도 없는 것이 된다.

기능적 서비스의 인자들

기능적 서비스 인자(因子)를 체계적으로 정리하면 다음과 같이 다섯 가지 인자로 요약할 수 있다.

① 인간에 의한 기능적 서비스
② 물질에 의한 기능적 서비스
③ 기계나 시스템에 의한 기능적 서비스
④ 인간 외의 요소가 만들어내는 정보에 의한 기능적 서비스
⑤ 돈(금융)에 의한 기능적 서비스

3) 정서적 서비스의 성격

기능적인 서비스만으로는 서비스가 좋다는 평가를 받을 수 없다는 것은 이미 알려져 있다. 서비스의 양 · 불량은 거기에다 정서적인 서비스가 추가됨으로써 비로소 성립되는 것이다.

그러면 정서적 서비스란 어떤 것일까? 그것은 기본적으로는 서비스의 제공에 관계하고 있는 사람이 고객이나 이용자에 대해서 행하는 인간적인 행위의 총칭이고, 동작 · 표정 · 회화 등이 포함되는 것이다. 정서적 서비스는 '사람 대 사람'으로 이루어지고, '사람과 물건'과의 짜임에서 이루어지는 기능적 서비스와는 본질적으로 달라 그 존재를 객관적으로 확인한다는 것은 어렵다.

고객의 사정을 충분히 배려했다고 생각한 동작이나 회화를 바람직하다(좋다)고 평가하는 사람이 있는가 하면, 그것을 바람직하지 못하다(좋지 못하다)고 평가하는 사람도 있을 것이고, 알아차리지 못했다고 하는 사람이 있을지도 모른다. 또 상대방의 사정을 전혀 배려하지 않았던 동작이나 회화를 고객 측에서는 좋다고 평가하는 경우도 있을 수 있다.

사람과 사람이 짜여져서 일어나는 일이기에 무엇이 좋은 서비스인가는 개개인에 따라서 또 TPO(Time, Place, Occasion)에 따라서도 다르다. 앞에서 정서적 서비스에 대해서 '개개인의 주관적인 판단에 따르는 것으로서 서비스로서 느껴지느냐 또는 안 느껴지느냐는 사람에 따라 다른 것'이라고 설명해 둔 것은 바로 이것을 두고 한 말이다.

그러나 사람에 따라 판단이 서로 다르기 때문에 바로 '양 · 불량' 평가가 있는 것이며, 그것은 자기에게 있어 '좋다 · 나쁘다'고 하는 말 이외의 것이 아니다. 그리고 사람이 행하는 것인 만큼 어느 사람에 대해 배려할 수가 있는 것이며, 고객 측에서는 자기의 일을 생각해 주었다고 하는 개별화의 의식을 생기게 할 수가 있는 것이다.

4) 기능성과 정서성의 짜임

오늘날 대부분의 비즈니스 활동은 기능적인 측면과 정서적인 측면의 양면에서 편익을 제공하고 있는 것이지만, 이들 두 가지의 짜임에 있어서는 개개의 사업체가 그 짜임의 비율이 기본적으로 다르다는 것도 사실이다.

일반적으로 이용자가 불특정 다수이고 일상적으로 이용의 빈도가 높으며, 제공하는 측과 이용하는 측의 접촉시간이 짧다는 등의 조건을 가지고 있는 서비스 사업체는 기능적 서비스의 비중이 높아진다. 이와는 반대로 이용자가 한정되기 쉽고 일상적으로 이용되지 않고 접촉시간이 길다고 하는 등의 조건을 가지는 서비스 업체는 정서적 서비스의 비중이 높아진다.

따라서 교통업이나 금융업(은행 등) 등은 기능적 서비스의 비중이 높고, 숙박업이나 음식점 등은 상대적으로 정서적 서비스가 차지하는 비율이 많으며, 소매업은 그 중간에 위치한다고 할 수 있다.

업종에 의한 서비스의 성격 차이

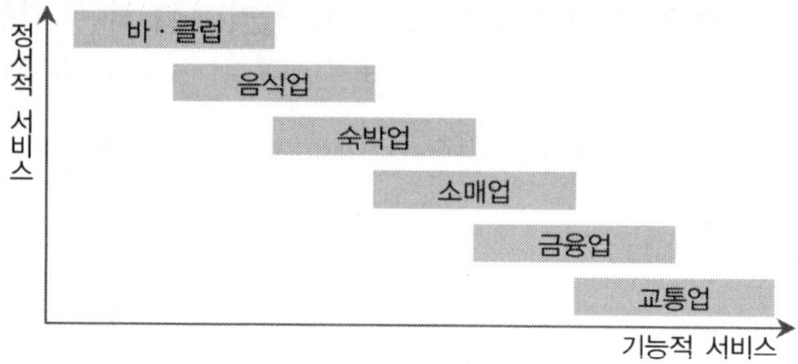

업종에 의한 서비스의 성격 차이

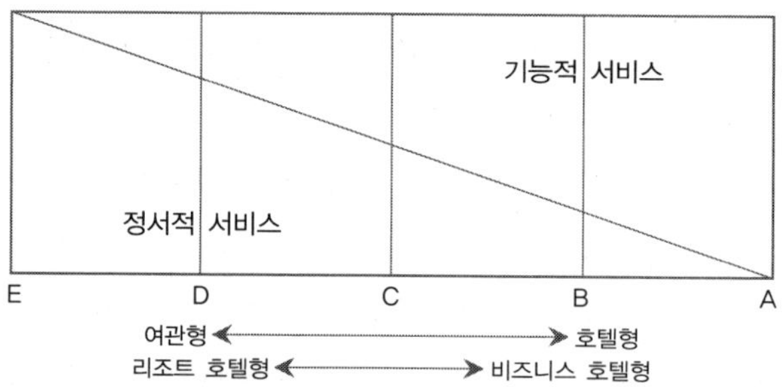

4 서비스 행위 시범에 따른 분류

서비스의 행위 시점을 기준으로 해서 설명하면 다음과 같은 세 가지로 분류해서 생각해 볼 수 있다.

① 판매 전에 제공되는 서비스(before service)

② 판매 도중의 상담시에 제공되는 서비스(sales service)

③ 판매 후 제품의 수명기간 중 적절한 보전을 위해 제공되는 서비스(after service)

이와 같이 구성되며, 이외에도 시장유통에 있어서 제공되는 서비스로 상품계획(before service), 판매서비스(sales service), 판매 후 서비스(after service)의 세 가지로 지적하고 있다. 그러나 인간을 대상으로 하는 서비스 자체에 있어서는 동일하다. 따라서 이러한 서비스는 두 가지 측면에서 검토되어야 한다.

첫째, 서비스가 계량적이어야 할 수 있다. 서비스가 제공되는 데에 따라 피제공자는 분명히 그 서비스를 측정할 수가 있는 것이다. 둘째, 비계량적 서비스이며, 이것은 정신적 서비스라고 할 수 있다. 서비스에는 이와 같이 측정할 수 없는 비계량적인 것이 많다.

1) 사전 서비스

(1) 서비스의 예약

예컨대, 영화 · 연극 · 음악회 등의 개최 일시 · 내용 · 요금이 게재된 정보잡지가 전국을 대상으로 출판되고 있다. 이 잡지 등에는 자세한 정보가 제공되고 있다. 이것은 정보를 사전에 제공하는 서비스라 생각되므로, 사전 서비스의 일종이라고 할 수 있다. 실제로 공연이 행하여지기 이전에 파는 측은 정보를 유통시켜서 사는 사람과 계약하려고 한다. 이러한 사전 서비스 행위를 예약이라 한다.

서비스 비즈니스에 있어서 예약은 매우 중요한 의미를 가진다. 예약을 통해서 정원의 몇 퍼센트를 확보하느냐에 따라 비즈니스의 성공 여부가 결정된다. 당일의 추세만 보아서는 어느 정도 고객이 이용할지 예측이 불가능하기 때문이다.

(2) 사전 서비스의 3대 업무

서비스 비즈니스에 있어서 사전 서비스의 목적은 예약이다. 미용실에서도, 항공사에서도, 대학과 같은 교육기관에서도, 심지어 동네의 비디오가게에서도 사전 서비스는 중요하다. 사전 서비스는 크게 3대 업무로 구분할 수 있다.

① 사전 준비업무(preparation)
② 상담업무(counselling)
③ 제안업무(presentation)

사전 서비스의 3대 업무

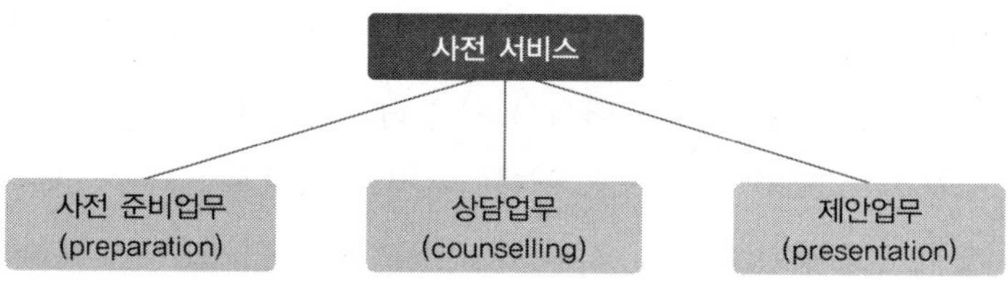

사전 서비스의 3대 업무별 각 작업

3대 업무	각 작업
사전 준비업무 (preparation)	계획(planning) 유도(attraction)
상담업무 (counselling)	접객(access) 경청(hearing) 관찰(observation) 조언(advising)
제안업무 (presentation)	선택(selection) 조합(coordination) 제시(presentation) 촉진(promotion)

2) 현장서비스(On Service)

서비스는 고객과 제공자의 상호거래에 의해서 진행된다. 변호사와 같이 고객이 한 사람이고 제공자도 한 사람만으로 행하여질 경우도 있고, 호텔 · 레스토랑 같이 고객이 한 사람이고 서비스 제공자는 여러 명일 경우도 있다. 강사 · 교사처럼 고객이 여러 명인데 서비스 제공자가 한 사람인 경우도, 연극과 같이 양쪽이 여러 사람인 경우도 있는데, 어쨌든 이러한 거래 간에 고객으로 하여금 서비스의 가치를 인정하고 대가를 지불할 수 있도록 해야만 한다. 만약 실패하면 다시 한다는 것이 불가능하므로, 아마 그 고객은 두 번 다시 오지 않을 것이다.

서비스 제공자가 혼자이건 또는 여러 명이건 현장서비스의 성공과 실패가 상품의 품질이 되므로, 이 때 고객과의 이상적인 서비스 거래가 어떠해야 하는지를 철저하게 연구해야 한다. 그러면 현장서비스에서 문제되고 있는 점에 대해서 살펴보기로 한다.

서비스 제공자 → 고객	서비스 제공자의 예
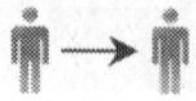	변호사, 의사, 백화점, 미용원, 역술가, 가정교사, 은행창구 담당자
	호텔, 레스토랑, 항공회사, 병원, 자동차 수리부문, 여행회사
	예능인, 강사, 관광버스 가이드, 버스 안내인, 호스티스, 소설가, 교사
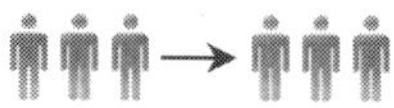	연극, 광고회사, 소프트웨어회사, 증권회사, 보험회사, 전기통신공사
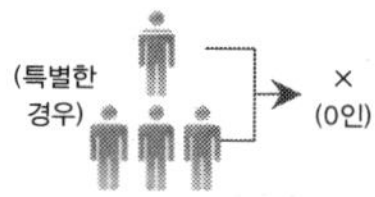	환경미화용역회사, 서비스 엔지니어, 설계회사(건물과 기계를 대상으로 하지만 의뢰인이라는 고객이 있음)

(1) 방문고객과 대기시간

서비스는 한정된 시간 내에 한정된 공간에서 정해진 인원으로 수행하기 때문에 몇 가지의 제약조건과 그것을 뛰어넘는 방안을 모색하고 있다. 그 가운데 하나가 시간이다. 고객이 한꺼번에 몰려들면 서비스를 그 즉시에 제공한다는 것은 불가능하다. 지하철역의 창구에 행렬이 늘어서 있거나 하면 창구직원도 난감하겠지만, 고객은 이만저만 짜증나는 일이 아니다. 대기시간이 길면 고객은 불만을 터뜨리거나 차라리 다른 점포로 옮겨가버리기도 한다. 대다수의 경우, 대기시간이 짧으면 고객은 서비스의 수준이 높다고 한다. 즉 짧은 대기시간이 서비스의 수준을 높여 주기 때문에, 우리는 어떻게 하면 대기시간을 짧게 할 수 있으며, 고객에게 기다리고 있다는 느낌을 주지 않겠는가에 대한 연구를 게을리 하지 않아야 한다.

(2) 대기시간을 짧게 한다

대기시간을 짧게 하려면 서비스 제공자 측이 고객대응체제를 풍족하게 확보하고 있으면 되지만, 만약 고객이 적을 때는 파리 날리기 십상이다. 이것은 경제이론에도 역행된다. 그러므로 임시로 늘리는 방법을 고려할 수 있다. 예컨대, 은행창구는 보통 두 군데 또는 세 군데가 평상시에 폐쇄되어 있지만, 창구가 북새통을 이룰 때면 창구 전체를 개방하여 사용한다. 이것은 창구의 수가 고객이 가장 많을 때를 가정해서 만들어져 있기 때문이다. 슈퍼마켓의 자동금전등록기도 마찬가지이다. 또한 시간이 걸리는 것을 한가할 때에 가능한 한 미리 처리해 두는 방법도 있다.

레스토랑 등에서는 잘 팔리는 메뉴는 절반 정도 조리해 두는 것이 통상적인 일이다. 일례로 한 회사원이 회사 근처에 있는 중국집을 갔을 때 주문한 자장면이 그 즉시에 나오는 것을 보고, 저 많은 고객을 다 소화하려면 이럴 수밖에 없겠구나 생각하면서 먹어보니 하나도 퍼지지 않고 쫄깃쫄깃한 면발이 감칠맛이 있었다. 고객에게 주문할 수 있는 사항으로서는 예약제로 한다든지 또는 회원제로 해서 방문하는 시점을 조정하거나, 올 사람을 제한하거나 한다는 것이다.

결국 서비스란 공급과 수요의 일치를 이루게 하여 낭비 · 불필요한 요소가 없도록 지정이 필요하며, 서비스의 설계 단계부터 수요의 변화를 예측하고, 예측하지 못한 사태 하에서 대응방법을 나름대로 강구해 두고 있어야만 한다.

대기시간 단축을 위한 방안	
서비스를 제공하는 측의 방안(공급)	• 대기시킨다(인원 · 설비 등). • 사전에 일부 처리한다. • 서비스의 제공단위를 일률적으로 한다(unit화 … 세트 메뉴). • 기계화 · 컴퓨터화 한다(발권시스템). • 대기시간을 유효 적절히 쓴다(로비와 카운터 바의 운용). • 대형 테이블, 카운터로 한다(합석, 동석, 공간 활용).
고객측에 대한 방안(수요)	• 멤버제로 한다. • 예약제로 한다. • 순번제 표찰 • 안내담당자를 배치한다. • 가격 차이를 표시 • 정보로써 예약상황을 알려준다.

(3) 연출효과와 고객의 참여

일례로 디즈니랜드의 상품은 연출이라 일컬어지고 있다. 디즈니랜드의 세계에서는 모든 것에 대해 연출이 이루어지고 있으며, 시나리오가 존재하고 있다. 시나리오대로 캐스트(배역=종업원)가 움직이며, 그 동작들 모두가 쇼의 일부라고 하는 디즈니의 사고방식이 내포되어 있다. 고객도 쇼를 본다는 의미가 아닌, 그 시나리오에 따라서 자신도 쇼의 일부를 떠맡도록 배려되어 있다. 그래서 고객은 체험에 대한 대가를 지불하는 것이다.

결국 서비스는 시간과 공간과 태도에 따라서 나타나는 '퍼포먼스=연출'을 파는 사람에 의해서 제공되고 있다. 파는 사람이 연출하고 있는 사이에 고객은 이것을 소비한다. 연출을 소비한다는 말은 체험을 산다는 말과 동의어이다.

(4) 연출요령

가) 연출이란 이벤트이다.

이벤트라는 것은 행사를 말하는데, 행사에는 목적과 내용이 있다. 고객에게 어떤 행사에 참가시키고 있는지를 정확하게 인식시켜 줄 필요가 있다. 즐거움이라든지, 쾌적함이라든지, 혹은 순조로운 운영 등인데, 그것을 위한 프로그램이 내용이다. 제공할 물품을 무엇으로 할 것이며, 고객의 즐거움을 이끌어 내려면 분위기로써 무엇을 제공할 것인가 등이다. 이벤트에는 시작이 있고 끝이 있기 때문에 클라이맥스도 중요하다.

나) 연출이란 게임이다.

서비스는 고객과 서비스 제공자(판매자) 사이의 거래 속에서 진행되기 때문에 게임이 된다. 단, 특별한 일이 발생하지 않는 한 고객이 지는 게임은 없다. 고객은 자신이 이겼다는 느낌을 주는 게임이 최고이다. 게임요금은 고객이 지불하고 있다. 그 게임은 2인용 게임도 있고, 더 많은 게임 참가자가 있는 경우도 있는데, 사람수의 차이에 따라 거래정보가 다르다.

다) 연출에는 프로듀서로서의 감각이 필요하다.

서비스 판매자는 연출가이기 때문에 프로듀서나 마찬가지이다. 프로듀서는 자신이 지니고 있는 경영자원(인적 · 물적 · 자본 · 아이디어)을 충분히 활용해서 분위기를 조성하고, 시나리오대로 비즈니스를 진행시킬 필요가 있다. 또 비즈니스이기 때문에 코스트 퍼포먼스도 고려할 필요가 있다.

3) 사후서비스(After Service)

서비스는 생산과 소비가 동시에 발생하기 때문에 서비스의 제공은 시간이 되면 그 고객에 대한 서비스 제공을 종료한다. 동시에 고객도 소비를 종료하기 때문에 서비스의 거래행위가 끝난 뒤에는 아무 일도 없었던 것처럼 보인다. 예컨대, 비행기에 탑승하고 있는 사이에는 속도감과 쾌적함의 서비스를 기장과 승무원이 고객에게 제공하고, 착륙 후 비행기에서 내리면 서비스는 종료되는 것이다. 그러나 비행기에 탑승하기 전과 후의 서비스가 비즈니스에 연결된다.

(1) 전체 라이프사이클 비용(Total Life Cycle Cost)

서비스는 사전서비스(before service), 현장서비스(on service), 사후서비스(after service)로 구분되는데, 고객은 그것들을 따로따로 평가하는 것이 아니며, 따로따로 구매하는 것도 아니다. 전체적으로 파악하고 있는 것이다. 서비스 제공자도 전체를 하나의 사이클로서 생각하고 있다.

고객은 제품을 살 경우에 그 상품을 취득하여 사용하고 고치며, 마지막으로 폐기처분할 때까지의 경비와 수고를 고려해서 상품을 선택하고 구입한다. 이러한 모든 과정에 요하는 경비와 수고를 전체 라이프사이클 비용(total life cycle cost)이라고 부른다. 고객은 전체 라이프사이클 비용을 최소로 하기 위해 충분히 고려한 후 상품을 선택한다. 고객은 단지 상품 그 자체를 저렴하게 구입할 수 있다면 그것으로 족하다고 생각하고 있는 것이 아니라, 그 상품을 구입한 다음의 유지비 · 수리비도 고려한다.

서비스 사이클

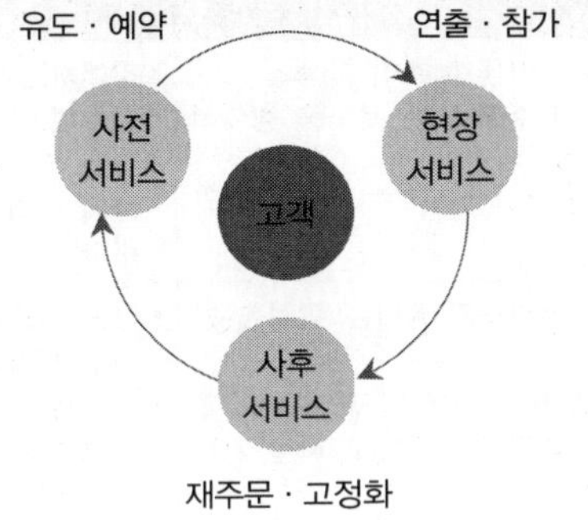

전체 라이프사이클 비용

전체 라이프사이클 비용	대	전체 서비스 시스템
상품탐색 코스트	➡	사전 서비스
상품구입 코스트	➡	현장 서비스
유지 코스트 폐기 코스트	➡	사후 서비스

(2) 사후 서비스와 재주문 및 고객의 고정화

사후 서비스의 목적은 고객으로 하여금 다시 찾게 하고(재주문), 자사에서 제공하는 서비스를 무한히 이용케 함으로써 고객의 고정화를 꾀하는 데 있다. 사전 서비스(before service)와 사후 서비스(after service)는 목적은 다르지만 장점과 단점을 제각기 갖고 있는데, 다음은 이것을 정리한 것이다.

구분	장점	단점
사전 서비스	• 예약에 따른 예측이 가능 • 고객의 수요 또는 욕구를 정확히 파악할 수 있다. • 수요창조가 가능	• 강매하는 인상을 줄 우려가 있다. • 자신의 사정이 좋을 때만 말을 건다는 인상을 준다. • 끊기 어렵다는 심리적 부담을 준다.
사후 서비스	• 사후 서비스가 좋다는 평가를 받는다. • 클레임을 미연에 방지할 수 있다. • 이용 후의 앙케이트로 사용 가능	• 다음 비즈니스로 이어지는지의 여부가 불확정적이다. • 신규개척이 소홀해진다. • 고객지원에 있어서 비용이 의외로 든다.

Key Point

1. 우리나라에서 서비스에 대한 연구가 뒤떨어져 있다.
2. 서비스산업의 위상이 높아졌다.
3. 고객은 항상 옳다.
4. 태도 · 표현 서비스로 보여준다.
5. 서비스에는 여러 가지 형태가 있다.
6. 기능적 서비스에는 인간, 물질, 기계, 정보, 금융에 의한 것이 있다.
7. 정서적 서비스가 추가됨으로써 비로써 성립된다.
8. 업종에 따라 서비스의 성격차이가 있다.
9. 서비스의 행위시점기준에 의하면 Before Service, Sales Service, After Service로 분류한다.
10. 서비스에는 사이클이 있다.

Memo

Customer Service Technic

CHAPTER 2

커뮤니케이션 테크닉

❶ 언어
❷ 의사소통 훈련기법

“서비스는 창조다”

서비스는 창조다. 모방이 아니라는 것이다. 즉 창조이기 때문에 머리와 가슴에서 솟아나야 한다. 매뉴얼에 따라 하는 서비스는 70점, 80점 짜리 밖에 안 된다. 몸으로만 하는 서비스는 뇌리에 와 닿는 만족할 서비스를 주지 못한다. 머리에서 솟아나는 지혜와 지식, 가슴에서 우러나오는 따스한 감성의 서비스가 감동과 감명을 준다. 그러한 서비스만이 쌍방향 커뮤니케이션을 충족시키고 서로 만족하는 행복한 서비스다.

CHAPTER 02
커뮤니케이션 테크닉

1 언어

1 커뮤니케이션

1) 의사소통의 교류가 목적

우선 낯선 상대방의 표정, 몸짓, 신호 등 언어 이외의 커뮤니케이션 수단에 의해서 언어란 본래 이러한 의사소통의 한 수단이었음을 깊이 인식할 필요가 있다. 말은 이해하지 못하면서 상대방의 표정이나 반응을 보고 그 의사의 대강을 알아보는 감수성이 풍부한 사람이 있을 것이다. 말할 것도 없이 언어는 의사를 전달하는데 가장 유효한 방법이다. 언어에 의해서 더욱 깊고 넓게 서로의 의사를 교류할 수 있기 때문이다. 언어에 의해서 우리는 어학을 공부하는 것을 언어나 문법의 전문적인 연구로 잘못 생각하는 경향이 없지 않다. 그것은 수험 어학의 폐해인지, 또는 어학 학습법의 문제인지, 아니면 언어란 읽고 쓰기 위한 것이라는 의지가 있기 때문인지 모르겠으나, 언어를 연구하는 것이 목적인 것같이 착각하고 있는 사람이 있다.

상대방과 의사의 교류가 되었는가가 중요한 것이지, 어학을 잘하고 못하고는 2차적이라는 인식을 가지는 것이 좋을 것이다.

2) 상황에 따른 의미 차이

말은 생물이라고 하듯이 쓰이는 상황에 따라서 의미가 크게 달라진다. 간단히 영어를 예로 들면, 동철동음이의, 동음이의, 동철이음 등이 그렇고, 같은 단어도 상황에 따라 다른 뉘앙스를 갖는 것을 흔히 볼 수 있다.

또한 언어를 통해서 의사교류를 하는 경우 주의해야 할 것은 그 언어에는 그 언어를 쓰는 사람의 발상, 사상, 문화체계 등이 다르게 나타난다는 것이다. 그런 점에서 서로의 문화를 학습할 필요가 있는 것이다.

예컨대 "구르는 돌은 이끼가 안 낀다."는 속담을 영어로도 "A Rolling Stone Gathers No Moss."로 쓴다. 같은 표현이다. 그러나 의미는 다르다. 동양에서는 이끼는 전통 있는 것을 의미하므로 속담의 뜻도 한 가지를 꾸준히 계속하라는 의미가 있다. 한편, 서양에서는 이끼를 낡은 것을 의미하여 속담의 뜻도 활동하지 않으면 폐인이 된다는 의미가 있다.

이것은 상호간의 문화, 사회에서의 사고방식의 차이를 나타내는 좋은 예이다. 상호간의 문화와 행동양식을 이해하지 못하면 뜻밖의 오해를 살 수 있다.

3) 문화를 포함한 의사를 이해

우리들이 배우는 어학이라는 것이 의사교류 중에서 어떤 역할을 차지하는지에 대해서 살펴보면, 문법 외 언어란 사전에 없는 관용어나 발음을, 비언어적 문화란 전술한 언어 이외의 커뮤니케이션 수단을, 은재적 문화란 언어를 뒷받침하고 있는 발상법이나 가치관을, 학습 전 문화란 선천적 · 유전적으로 보유하고 있는 문화를 말한다.

겉으로 표현되는 말은 이와 같이 속 깊은 내용을 가지고 있다. 어학은 그 일부에 지나지 않으므로 진정한 커뮤니케이션이란 상대방의 문화를 포함한 의사를 이해하는 것을 의미한다.

2 듣기의 중요성

1) 문법을 생각하지 않는다

많은 사람이 어학은 읽는 것이 중요하다고 생각한다. 이는 한자를 보는 습관에서 언어란 '보는 것, 읽는 것'이라는 잠재적 의식이 있고, 학교에서의 외국어 교육이 회화에 대한 고려가 전혀 없고, 지금까지 상급학교 진학시험에 회화테스트가 없는 것이 주된 원인이라고 볼 수 있다.

우리나라는 세계에서 교육수준이 매우 높은 나라에 속한다. 그러나 쓰기라면 근대의 문학서라도 소화할 만큼 고도의 실력자가 많으나 실용회화가 되면 외국의 미취학 아동에게도 못 미치는 사람이 많다.

그 최대의 문제점은 문법에 맞는 완전한 말을 구사하려는 완벽주의 의식에 있다. 회화를 시작할 때는 우선 이 완벽주의와 부끄럽다는 생각을 버려야 한다. 주위를 의식하거나 교과서에 있는 그런 외국어를 말해야 한다는 의식을 먼저 버려야 한다.

2) 소리에 익숙해져야 한다

일반적으로 듣기를 향상시키려면 먼저 소리에 익숙해져야 한다. 그러자면 자기 수준에 맞는 어학교재나 테이프를 선택하는 것이 중요하다. 특히 우리말과는 다른 계통의 발음이므로 간단한 단어라도 발음이 잘 안되는 것이 많다.

발음을 듣는다는 것은 발음하는 것과 같은 것이므로, 그러한 테이프를 선택해서 들으면서 동시에 실제로 발음해 보아야 한다. 외국어 학습에서는 이 방법 이상은 없다.

테이프로 발음을 배우는 과정에서 입문 또는 초급의 문장도 흘러나올 것이다. 그러나 이때도 의미를 완전히 파악할 필요 없이 음에 익숙해지는데 주안점을 두어야 한다.

3 문장을 쉽게 만들어 보아라

1) 먼저 발성을 해보라

다음에는 상대방과 의사를 교류할 수 있는 문장이나 회화는 어떻게 하면 가능한가? 상대방의 질문을 이해할 수만 있다면 처음에는 더듬거려도 상관없다. 일상의 회화라면 'Yes, No'를 명확히 대답하거나 상대방의 질문에 대해 주어나 술어를 생략하고 요점이 되는 명사만을 발성해도 의미는 통한다.

회화를 할 때 중요한 것은 쉬운 말로 응답하도록 한다는 것이다. 그런 기본 문형을 외워 놓는 것이 좋다. 중학교 2학년 정도에 나오는 문형을 할 수 있다면 충분하다. 보통문과 의문문의 어순,

기본적인 동사, 의문사, 조동사, 시제 정도를 쓸 수 있으면 되기 때문이다.

2) 어순을 배워라

첫째, 보통어의 경우 통상은 주어, 술어의 순이다.

둘째, 긍정문인가, 부정문인가가 문장의 시작부터 분명하다는 것이다. 이 'Yes, No'를 분명히 하는 어법은 거의 세계적인 경향이라 할 수 있다.

셋째, 주어를 분명히 한다는 것이다. '누가 무엇을 한다'와 같이 행위의 주체자(주어)가 통상 문장의 맨 처음에 나타난다. 우리나라 말의 경우 이야기의 흐름으로 보아 당연히 알 수 있다고 보고 생략할 수 있는 것도 서양의 언어에서는 주어를 확실히 한다.

넷째, 한글의 경우 조사 등을 써서(주로 명사의 뒤에 붙는다.) 다른 단어와의 관계를 나타내거나 문장으로서의 의미를 나타내는데 대하여 구미어에서는 일반적으로 단어의 배열(어순)에 의하여 의미를 알게 된다.

3) 동사의 용법에 익숙해져라

다음의 과제는 기본적인 동사의 용법에 익숙해지는 것이다. 학교에서 공부한 사람들은 흔히 어려운 동사를 쓰려고 하지만 상대방이 보편적인 사람이라면 확실하게 발언하지 않으면 통하지 않을 때가 많다. 이는 피하는 것이 좋다. 오히려 기초 동사에 명사를 붙이는 방법으로 문장을 만드는 것이 상대방이 이해하기 쉽다.

기초 동사란, 영어에서 보면 Be, Have, Do, Make, Get, Take, Put, Give, Keep, Let, Go, Come 등이 그것이다. 특히 앞의 6개는 여러 가지 경우에 쓰인다. 이 6가지 동사를 충분히 구사할 수만 있어도 통상의 회화가 가능할 정도이다.

4) 시제를 명확하게 하라

세 번째 과제는 서양 언어에서 문제가 되는 시제(Tense)이다. 어려운 관사의 변화 같은 것은 신경 쓰지 않아도 일상회화는 충분히 가능하지만 시제는 그렇지 않다. 특히 그 행위, 현상이 현재(습관)의 일인가, 과거의 것인가 또는 미래에 관한 것인가에 대하여 명확해야 한다.

회화에서 이러한 기본적 사항을 마스터한다면 그 다음의 진전은 매우 빠를 것이다. 학교에서 배운 어학이 되살아나 도움이 될 것이기 때문이다.

4 서양식 발상

외국어를 열심히 배우다보면 그 나라 사람들의 발상법, 사고방식, 가치관을 배우게 되고, 나아가서 자신도 그 사람들과 같은 사고방식으로 사물을 보고 생각하게 된다. 앞에서 설명한 바와 같이 외국어를 할 때는 주어, 술어, 목적어를 분명히 하면서 이야기해야 한다는 것을 끊임없이 의식해야 한다. 자기와 타인, 주체와 객체, 행위자와 대상을 분명히 구분하지 않으면 문장이 구성되지 않기 때문이다.

1) 논리적 표현

외국에서는 일반적으로 논리적인 전개가 최선의 회화로 생각되고 있다. 그래야만 회화의 내용이 쌍방이 공통으로 이해하고 깊이 추구할 수 있다고 생각한다. 상대방의 상황을 고려한 정서적 표현을 그 사람들은 무엇을 말하는 것인지 이해하지 못한다.

2) 발상의 절대주의와 상대주의

발상의 차이가 뚜렷한 것으로서, 절대적 발상과 상대적 발상이 있다. 전자가 서양식 사고라 한다면, 후자는 동양식 사고에 가깝다 하겠다. 서양인들은 사물을 이원적으로 구별해서 절대적으로 상반하는 요소로 보고 비교 · 검토하는 사고방식에 익숙하다. 나와 남, 남자와 여자, 주체와 객체, 단수와 복수 등과 같이 이원적 구별의 사고방식은 언어 가운데서도 많이 나오지만, 그뿐 아니라 On, Off적 사고방식이 도처에서 나온다. 예컨대 "합리적인 것은 어디까지나 선이고, 비합리적인 것은 어디까지나 악이다."라는 생각도 그런 것에 속한다. 이런 경향은 특히 미국인에게서 더 두드러진다.

반면에 동양에서는 본래 칼로 베는 듯한 생각은 적다. 모든 사물은 2가지 요소가 함께 있는 것이고 정도의 차이에 불과하다고 본다. 말하자면 상대주의인 것이다. 뿐만 아니라 2가지 요소는 상황에 따라서 바뀔 수도 있다고 본다. 예를 들면, '악인도 선인이 될 수 있다', '화도 복이 될 수 있고, 복도 화가 될 수 있다' 이런 생각은 아마 동양인의 음양지도(陰陽之道)에서 유래하였다고 볼 수 있다.

같은 말이라도 서양인이 생각하는 개념과 동양인이 생각하는 개념에는 차이가 있다. 서양인들에 있어서는 절대불변의 보편적인 것인데 대하여, 동양인에 있어서는 상대적 · 가변적 · 개별적인 것으로 받아들이게 된다.

5 논리적인 전개

1) 단도직입적으로

서양인의 토의법 특징은 첫째로, 문제에 대하여 단도직입적으로 파고든다는 것이다. 우리 같이 상대방의 의중을 알기 위해서 간접적으로, 아니면 멀리 돌아서 주위에서부터 탐색하면서 어떤 계기를 찾는 것과는 대조적이다. 처음 상대하는 사람일지라도 용건이 있으면, 특히 비즈니스를 위한 대화라면 다짜고짜 용건을 꺼낸다. 그 안건에 대하여 "자기의 주장은 이러이러한데 상대방의 의견은 어떤 것이오." 하고 질문해 온다.

"잘 부탁합니다."와 같은 인사는 상대방의 호의를 소망하는 비굴한 태도로 받아들일 수 있으므로 주의해야 한다. 당당하게 의논할 수 있어야 제대로 인정을 받는다.

2) 논리적으로

둘째는, 논리적으로 의논을 전개한다는 것이다. 그들이 즐겨 쓰는 삼단논법, 즉 A=B(대전제), C=A(소전제), 고로 C=B(결론)이다라는 논법을 강력히 주장한다. 일단 어떤 사상을 한 개념에 포함시켜버리면 다음은 논리의 일관성을 추구하는 논법이다. 이는 법률적 해석에 유사한 경제적 합리성의 추구와도 같다.

그러나 형식만의 삼단논법으로 의논을 고집하는 경우도 있다. 본래 삼단논법은 그림같이 ABC 모두를 성립하지 않는 것이다. 그럼에도 개념을 음미하지 않고 형식만으로 밀고 나오는 경우가 있으므로 주의해야 한다.

3) 예리한 추구

셋째로, 서양인들은 이쪽 주장에 논지의 일관성이 없거나 개념규정에 애매한 점을 발견하면 예리하게 추궁해온다. 왜(Why)는 그들이 대단히 좋아하는 말이다. 우리들로서는 그렇게까지 따질 것도 아닌데 꼬치꼬치 캐고 든다. 설령 문제에 중요성이 없어도 그렇다. 더구나 그 Why에 대답하지 못하면 전체 주장이 잘못된 것으로 받아들이는 경우가 적지 않다.

변론을 마치 게임으로서 승부를 겨루고 있는 것 같은 감이 들 정도이다.

6 전문용어의 학습

1) 자연과학계의 이점

자연계의 과학자는 외국인과 의사교류를 할 때 이점이 있다.

첫째, 전문용어가 외국어인 경우가 많기 때문이다. 특히 연구개발이나 생산기술에 관계하는 사람들은 새로운 기술을 배우기 위해서 서적이나 문헌을 찾는 경우 상당한 수준의 외국어를 모르고서는 전문지식의 확대가 불가능할 정도로 적어도 전문용어에 관한 한 평소부터 외국어와 친숙해져 있다.

둘째, 설계도면, 원방서의 표시는 대체로 세계적인 표준에 따라서 이루어지므로 말이 그다지 통하지 않아도 도면이나 원방서는 알 수 있다.

셋째, 계산방법 또는 산식에는 만국 공통의 것이 많다. 내용이 분명하지 않을 때에는 말을 하지 않아도 물리의 산식이나 화학 방정식을 써 보이면 상대방이 납득한다. 장황한 말의 설명이 필요 없다.

넷째, 즉물적으로 직접 대상을 접촉하거나 분해하여 구성분석을 검토하는 것도 가능하다. 또 갖가지 검사나 실험도 가능하다.

이와 같이 자연과학계의 사람들 사이의 전문분야에 관한 의사의 교류는 말이 서툴러도 충분히 가능하다. 말보다는 오히려 전문지식과 경험의 깊이가 더 문제이다. 전문지식과 경험의 수준이 다르다면 의의 있는 교류가 안 될 것이기 때문이다.

2) 사회과학계의 전문용어

사회과학계에서도 위와 비슷한 이점은 있다. 경영, 회계, 컴퓨터 등에는 외국어가 도입되어 그 표현(아웃 풋)과 절차가 국제적으로 유사하다. 또 계산방법도 서로 이해할 수 있게 되어 있다.

그러나 사회과학 분야, 특히 인사, 노무, 영업 등 분야는 아직도 서로 이해하기 어려운 점이 많이 있다. 더욱 어려운 문제는 동일한 언어를 사용한다고 해도 그 말에 대한 해석이 다르거나 아예 발상부터가 다를 때가 많기 때문이다. 그러므로 지레짐작해서 오해하지 않도록 해야 할 것이다.

여하튼 서비스 리더는 전문분야에 대한 조예가 깊고 그것을 통해서 외국어를 배우고 국제적 교류를 도모한다면 대단히 뜻있는 일이다. 물론 일반적인 회화가 능숙하다면 더할 나위 없지만, 외국인과의 교류를 깊이 오래 지식시키는 것은 전문적 지식과 경험의 깊이라는 것을 명심하여야 한다.

7 말씨

우선 상대방을 분석할 줄 알아야 한다. 영리한 사람의 분석력은 신중한 사람의 자제력과 맞먹는다. 낯선 사람을 분석하려면 고도의 머리가 필요하다. 다른 사람들의 심성과 성품을 아는 것은 인생에서 가장 중요한 일이다. 소리를 들어보면 그 쇠의 성분을 알 수 있듯이 말을 들어보면 그 사람됨을 알 수 있다. 말은 사람의 올바른 정도를 나타내지만 그보다 그의 행동을 나타내는 표적이 된다.

그래서 말할 때 자신을 조심해야 한다. 특히 경쟁자들과 함께 일을 할 때는 경계하기 위해 다른 사람들과 있을 때는 자신의 위신을 지키기 위해서 조심해야 한다. 이미 쏟은 말을 돌이킬 시간은 없다. 말할 때는 유언을 하듯 말을 한다. 말수가 적을수록 다툴 일도 적다. 비밀스런 것은 항상 신(神)의 체취 같은 신비로움을 지니고 있다. 말할 때 경솔한 자는 결국 승복당하고 만다.

우리가 사용하는 말에도 그 사람의 습관에 의한 기호가 묻어나기 마련이다. 어떤 이는 문장과 문장을 연결하는 접속사 대신에 '저기'를 말 앞에 붙이는 사람이 있는가 하면, '있잖아'를 빼면 문장이 시작되지 않는 사람도 있다.

그렇다면 가장 많이 사용하는 말은 무엇일까? 셋 이상이 만나면 다른 사람을 안주삼아 밤새는 줄 모르는 사람이라면, 대부분 험담이나 부정적인 용어를 많이 말할 것이다. 자식 자랑이 유일한 낙인 사람이라면 자기 아이 자랑거리에 침 넘길 시간도 놓칠 것이고, 시어머니 흉보느라 밥 타는 줄도 모르는 사람은 없는지 모르겠다.

말도 습관이다. 부정적인 말을 자주 하다보면, 사고도 그렇게 변하고 생활철학도 부정적으로 된다. 남 허물만 논하는 사람은 매사에 누군가를 도마에 올려놓기 마련이다. 그러기에 하루 중에 가장 많이 사용하는 말이 무엇인가 생각해 볼 필요가 있다. 말은 형체가 없고 무게를 느낄 수 없는 것이지만, 마음의 표현수단이며 사랑의 전달매체이다. 인간에게 주어진 매우 값진 보석 중에 하나이다.

궁극적으로 말은 사람의 인품이며 사상이라고 할 수 있다. "한 마디 말로 천냥 빚을 갚는다."라는 속담같이 말로써 성공의 열쇠를 쥐는 사람도 있는가 하면, 말로써 자신의 무덤을 파는 사람도 있다.

1) 호감을 갖게 되는 말씨

호감을 받을 수 있게 말하는 요령은 언제나 상대방의 입장에 서서 그를 존중한다는 자세에서 시작된다. 그래서 아무리 서로 다른 의견을 가졌다 하더라도 서로의 공통점을 찾아내려고 노력하면 서로 화합할 수 있는 대화를 유지해 나갈 수 있다.

① 교양 있는 대화
② 요령 있는 대화
③ 재치 있는 대화
④ 상황에 맞는 대화

2) 경어

(1) 경어의 사용

우리말에 있어서 경어의 사용법은 매우 어려운 것이며 중요시되고 있다. 경어가 사용되는 경우는 시대, 지역, 남녀별, 성장환경에 따라 여러 가지이다. 경어의 사용에는 일반적으로 정해진 기준이 있으므로 그것에 따르지 않는 사용법은 듣기에 매우 거북하고 상대방을 모욕하는 결과가 되기도 한다.

(2) 경어의 종류

사회활동을 하면서 대내외적으로 많은 사람을 접촉하게 될 때 경어의 사용에 대한 올바른 지식과 마음자세가 항상 요구된다. 그러므로 일상생활을 통하여 항상 습관화시키고 상대방과 상황에 따라 자연스럽게 나오도록 유의하여야 한다.

3) 음성

(1) 음성 이미지

이상적인 목소리는 맑고, 부드럽고, 거침이 없고, 통과 음량도 좋고, 속도도 다양하다. 좋은 음성은 낮고 차분하면서도 음악적인 선율이 있는데, 전문가들에 의하면 음성이 좋은 사람들의 70~80%는 타고나는 경우이며, 20~30%는 발성연습을 통한 노력의 결과라고 한다. 연습과 훈련의 힘은 좋은 음성을 갖추는 데에 있어서 중요한 것이다.

(2) 효과적인 음성의 사용요령

① 자세를 바로 한다.
② 다양하게 사용한다.
③ 생동감 있게 한다.
④ 음성을 낮춘다.
⑤ 콧소리와 날카로운 소리를 없앤다.
⑥ 음성을 잘 관리한다.

4) 말을 할 때

(1) 말하는 목적

① 상대방을 즐겁게 해준다.

② 상대방을 설득하게 한다.

③ 상대방에게 인지토록 해준다.

④ 말을 통하여 인상을 남긴다.

⑤ 상대방으로 하여금 행동을 일으키게 한다.

(2) 기본자세

① 눈 • 듣는 사람을 정면으로 보고 경청한다.
• 상대방의 눈을 부드럽게 주시한다.

② 몸 • 표정은 밝게, 눈과 표정으로 말한다.
• 자세는 등을 펴고 똑바른 자세를 취한다.
• 동작은 제스처를 사용한다.

③ 입 • 어조에 있어서 입을 똑바로, 정확한 발음을 하고, 자연스럽게, 상냥하게 대한다.
• 말씨는 알기 쉽게, 친절한 말씨, 경어를 사용한다.
• 목소리 : 빛깔은 한 톤 올려서, 적당한 속도, 맑은 목소리로 하며, 크기를 적당하게 한다.

④ 마음 • 성의와 선의를 가지고 한다.

(3) 말에는 테크닉이 필요하다

상대가 누구인지, 무엇을 위해 말을 하려고 하는 것인지 확실히 알고 말을 해야 한다.

① 이해하기 쉽고, 상냥한 어조로 말을 해야 한다.
② 듣는 이의 입장을 중요시해야 한다.
③ 듣는 이에 대한 감사의 마음을 표현하면서 해야 한다.

(4) 호감을 느낄 수 있는 말

① 변화가 없고 신선미가 결여된 화제(話題)는 피한다.
② 소문 이야기나 험담을 하지 않는다.
③ 자기 이야기만 하는 일방적 행위를 금한다.
④ 끊임없이 이야기하지 않는다.

(5) 말할 때의 주의사항

① 탁구경기라고 생각한다.
② 품위 있게 말한다.
③ 혼자만 이야기하지 않는다.
④ 자연스럽게 이야기한다.
⑤ 상황에 맞는 적절한 표현을 사용한다.

5) 들을 때

(1) 듣기의 기본자세

① 눈 • 상대를 정면으로 보고 경청한다.
• 시선을 자주 마주치면서 듣는다.

② 몸 • 정면을 향해 조금 앞으로 내밀듯이 앉는다.
• 손이나 다리를 꼬지 않고 앉는다.
• 끄덕끄덕하거나 메모하는 적극적 경청 태도를 취한다.

③ 입 • 맞장구를 치면서 듣는다.
• 질문을 섞어가면서 모르면 물어본다.
• 복창해 준다.

④ 마음 • 흥미와 성의를 가지고 듣는다.
• 말하고자 하는 의도가 느껴질 때까지 인내한다.
• 상대의 마음을 편하게 한다.

(2) 상대방을 무시하는 경청법

① 건성으로 듣고 대답이 없다.
② 눈을 쳐다보지 않고 무관심하다.
③ 팔짱을 끼고 듣거나 손장난을 한다.
④ 말을 중간에 끊는다.
⑤ 말끝이나 실언을 트집잡고 늘어진다.
⑥ 말참견을 한다.

Key Point

1. 언어는 의사소통을 전달하는데 가장 유효한 방법이다.
2. 상황에 따라 상당한 의미의 차이가 있다.
3. 문화를 포함한 의사를 이해해야 한다.
4. 문법을 생각하지 않는다.
5. 소리에 익숙해져야 한다.
6. 문장을 쉽게 만들려면 발성을 해보고, 어순을 배워야 하고, 동사의 용법에 익숙해져야 하고, 시제를 명확히 해야 한다.
7. 서양식과 동양식에 있어서 발상의 차이가 있다.
8. 자연과학, 사회과학 분야의 전문용어를 학습해 두어야 한다.
9. 호감을 갖는 데는 교양, 요령, 재치, 상황에 맞는 대화를 해야 한다.
10. 말을 할 때와 들을 때 목적과 기본자세, 테크닉 등에 유의해야 한다.

2 의사소통 훈련기법

1 관심을 기울인다

우리에게 말하고 있는 상대방에게 전적으로 관심을 기울여 주는 것은 그 사람과의 좋은 관계를 유지시키는데 매우 중요하다. 우리는 신체적으로 우리 앞에 앉아있으나 우리가 말하고자 하는 내용에 대하여 전혀 관심을 보여주지 않기 때문에 그 사람과는 사적(私的)으로 의미 있는 대화를 더 이상 나누고 싶지 않은 경험을 한 일이 있을 것이다. 이런 경우 우리는 존엄성을 가진 한 인격체로서 보다는 한갓 물건으로 취급당하는 기분을 느끼게 된다.

상대방과 대화를 할 때나, 기타 상호작용을 할 때 시계를 보거나, 주변 사물에 시선을 집중시키거나, 딴 생각을 하는 것과 같은 여러 가지 행동들은 그에게 관심을 기울이지 않는 행동이다. 사람이란 민감한 존재여서 이와 같은 여러 가지 대수롭지 않은 것 같이 보이는 언동(言動)까지도 감지하게 된다. 그 결과 그는 자신이 그 상대방에게 받아들여지지 못하고 있다거나 인정을 받지 못하고 있는 것처럼 느끼게 된다. 이런 경우 그 사람과의 좋은 관계 형성은 매우 어렵게 되는 것이다.

반면, 관심 기울이기 행동은 상대방으로 하여금 가치 있는 존재로 받아들여지고 있고, 존경받고 있으며, 이해되고 있다는 느낌을 갖게 한다. 신체적 및 심리적으로 상대방에게 주의를 집중하므로 우리는 그에게 관심을 갖고 있다는 사실을 전달하게 되는 것이다. 효과적인 관심 기울이기 행동을 통하여 우리는 상대방으로 하여금 보다 안전하고 평안한 느낌을 가지고 대화를 할 수 있도록 도울 수 있으며, 그와 더불어 쉽사리 친밀한 관계를 형성할 수 있게 된다.

관심 기울이기 행동은 대략 다음과 같은 것을 내포한다.

① 좋은 자세
② 온화한 시선의 접촉
③ 상냥한 얼굴표정과 음색
④ 즉각적인 언어 및 비언어적 반응

2 의사를 확인한다

의사 확인이란 상대방이 전달하고자 하는 생각, 정보 또는 의견을 그가 의도한 바를 그대로 내가 정확하게 이해하고 있는가에 대하여 확인해 보는 하나의 기법이다.

의사 확인은 주로 상대방 메시지의 내용과 관계가 있다. 정의적, 가치판단적, 또는 비언어적인 측면에 대해서는 다음의 지각 확인에서 다루게 될 것이다. 우리들은 흔히 타인의 메시지 내용을 정확하게 이해하지 못하거나 잘못 이해했기 때문에 의사소통에 있어서 큰 문제가 야기되는 것을 보아왔다.

의사 확인은 이와 같은 오해들을 밝혀 줌으로써 의사소통 및 인간관계 증진의 기회를 제공해 준다. 효과적인 의사 확인은 상대방의 말 내용에서 그가 전달하고자 하는 메시지를 정확히 알아들으려고 하는 진지한 태도와 열망에서 이루어진다. 의사 확인의 목적은 상대방이 말하고 있는 내용 자체에 대하여 정확히 이해하려고 하는 동시에 그렇게 하기 위하여 애쓰고 있는 우리의 노력까지도 그에게 전달하려는 데 있다. 다시 말해, 상대방에게 그가 전달하고자 하는 메시지의 내용을 우리가 지금 어느 정도로 이해하고 있는지 또는 오해하고 있는지에 대하여 그에게 알려줌으로써 한층 더 정확한 의사소통을 가능케 하려는 것이다.

이와 같이 의사 확인은 의사소통의 정확도를 증가시킬 뿐만 아니라 타인의 견해를 이해하려는 우리의 열망을 전달해 줌으로써 대인간의 간격을 좁히고 인간관계를 발달시키는데 필요불가결한 하나의 기법인 것이다.

효과적인 의사 확인은 구체적이어야 한다. 그리고 그것은 타인의 생각을 우리 자신의 생각으로 고쳐서 진술하는 형식으로 이루어져야 한다.

효과적인 의사 확인은 언어적 속임수나 장난이 아니다. 이것은 타인의 진의를 진정으로 이해하려는 태도와 원망(願望)에서 이루어진다. 이와 같은 원망을 충족시키기 위하여 우리는 상대방의 진술이 우리 자신에게 어떤 의미로 이해되고 있다는 사실을 솔직히 그에게 밝혀 줌으로써 그로 하여금 그가 의도한 바와 우리가 이해하게 된 바를 비교 · 검토할 수 있도록 기회를 주어야만 하는 것이다. 그럼에도 불구하고 우리의 일상적 대화에서는 상대방의 생각이나 의사를 정확히 이해하였는지 아닌지에 대하여 확인해 보려는 노력 없이 즉각적으로 동의 또는 반대 표시를 해버리는 경우가 허다하다.

효과적인 의사 확인은 이러한 의사소통의 장애를 제거해 줄 뿐만 아니라 나아가서는 인간관계 자체를 촉진시키는데 이바지하게 되는 것이다.

3 지각을 확인한다

지각확인이란, 우리가 상대방의 느낌과 경험을 그것들이 일어나는 그 순간에 정확히 이해하고 있는가를 확인해 보는 하나의 기법이다. 이 기법은 메시지의 정의적 측면에 초점을 두어 앞에서 소개된 의사 확인에 보충적 역할을 해주는 것이다. 지각은 보통으로 왜곡되기 쉬우므로 상대방의 느낌과 경험에 대한 우리들의 지각이 정확한지, 잘못되었는지에 관하여 확인해 볼 필요가 있는 것이다.

타인의 느낌과 경험을 정확히 이해한다는 것은 그리 쉬운 일이 아니다. 정서적 상태나 경험은 언어와 함께 신체적인 동작과 생리적인 변화와 같은 비언어적 행동에 의하여 표현된다. 간혹 비언어적 행동이 타인의 느낌이나 상대방과 효과적인 의사소통을 하기 위해서는 그의 신체적인 동작과 생리적인 변화를 주의

깊게 관찰함으로써 그가 현재 경험하고 있는 정의적 상태를 정확히 이해하는 것이 매우 중요하다.

상대방의 느낌과 경험에 대한 우리들의 지각은 보통으로 그 상대방의 말, 몸짓, 또는 얼굴 표정 등에서 보다는 우리들 자신의 주관적인 느낌, 두려움, 혹은 소망 등에 의하여 좌우된다. 만약 우리들이 죄책감을 느끼고 있을 경우 우리는 상대방이 우리에게 분노하고 있거나 우리를 비난하고 있는 것처럼 지각하기 쉬운 것이다. 만약 우리가 열등의식을 가지고 있다면 타인들의 웃음을 우리에 대한 비웃음으로 지각하기 쉬운 것이다.

이와 같이 타인의 느낌이나 경험에 대한 우리들의 추측은 때때로 매우 불확실하다. 따라서 우리는 상대방의 비언어적 행동에 의하여 막연하게 추측해서 반응하는 대신에 그가 현재 경험하고 있는 정의적 상태에 대한 우리의 가정을 확인해 보아야 하는 것이다.

효과적인 지각 확인은 인정이나 부인 또는 느낌과 경험의 원인에 대한 해석이나 설명을 하지 않고, 다만 상대방의 느낌과 경험을 있는 그대로 우리가 이해하고 있는지에 대해서만 임시적으로 확인해 보려고 하는 선의의 노력이다.

이러한 선의의 노력이 ① 우리가 상대방을 한 인간으로 있는 그대로 이해하기를 원하고 있다는 사실을 그에게 전달하게 하면, ② 상대방의 느낌과 경험에 대한 그릇된 가정에 의하여 행동함으로써 후에 후회하게 될 우리의 언동을 미연에 방지해 주는데 크게 도움을 주게 될 것이다. 그러므로 상대방의 느낌과 경험을 그것들이 일어나는 그 순간순간에 비판의 태도 없이 정확하게 확인할 수 있는 능력을 기르는 것은 효과적인 의사소통을 위해서는 물론 생산적인 인간관계 발달을 위해서도 극히 필요한 것이다.

4 자신의 느낌을 보고한다

우리 인간은 감정적 존재이다. 느낌을 갖는다는 것은 우리 인간에게 있어서는 당연한 것이라는 뜻이다. 때문에 우리가 의식적으로 한다거나 결정한다고 해서 마음대로 느꼈다가 느끼지 않았다가 할 수 없다는 사실도 경험을 통하여 잘 알고 있다. 그럼에도 불구하고 느낌에 대한 부정적인 문화적 규범에 의하여 우리는 느낌을 있는 그대로 받아들이고 그것을 건설적으로 활용하는 방법을 학습하지 못한 채 오히려 그것을 억압하거나 무시하거나 부인하려고 한다. 그 결과 우리는 본의 아니게 과격한 언동을 하게 되고 정서적 부적응 상태에 빠지게 되며, 그러므로 인간관계 상태에서 우리 자신의 느낌과 아울러 타인들의 느낌을 보다 건설적으로 처리할 수 있는 방법을 습득하는 것은 매우 중요한 일이 아닐 수 없다.

일반적으로 우리는 자신의 느낌을 처리하는 데는 다음과 같은 세 가지 방법이 있다.

① 느낌을 말로 보고하는 것

② 얼굴이 붉히는 것과 같은 간접적 표현 또는 "자네는 말이

많아"와 같이 판단하기

③ 기물을 파괴하거나 사람을 해치는 과격한 행동하기

5 피드백을 주고 받는다

피드백이란 상대방에게 그의 행동의 결과가 어떠한지에 관하여 정보를 제공해주는 것을 말한다. 즉 그의 행동이 나의 행동에 어떤 영향을 미치고 있는가에 대하여 상대방에게 솔직하게 말로 알려주는 하나의 보고행위이다. 피드백 활동을 통하여 사람들은 그들의 행동이 타인에게 미치고 있는 영향에 대하여 학습할 수 있게 되는 것이다.

예컨대, 피드백은 우리의 행동에 대하여 거울의 역할을 해주는 것이다. 거울을 통하여 우리의 모습을 알게 되듯이 우리는 피드백을 통하지 않고서는 우리의 행동이 어떠한 모습을 띄고 있는지 알 길이 없는 것이다.

따라서 그의 행동이 나 자신에게 어떤 반응을 불러일으키고 있는가에 대하여 상대방에게 직접적으로 이야기해줌으로써 그로 하여금 그 자신의 행동이 어떤 결과를 초래하고 있는지에 대하여 알 수 있게 할 뿐 아니라, 그가 원하는 경우 대인관계에 있어서 그의 행동을 개선할 수 있는 기회를 제공해 주는 것이다.

그러므로 상호간에 피드백을 주고받음으로 타인들과 관계를 맺고 있는 나의 모습을 확인할 수 있는 동시에 나의 행동이 타인들에게 미치고 있는 영향에 관하여도 객관적으로 알 수 있게 되는 것이다. 그럼에도 불구하고 우리는 보통으로 피드백의 활용을 꺼려하고 있다.

그 주된 이유로는 나의 피드백이 상대방에게 제대로 받아들여질 것인가에 대한 불확실성 내지는 염려 때문인 것이다. 만약 모처럼의 힘든 피드백이 본의 아니게 상대방으로 하여금 마음을 상하게 하거나 화를 내게 한다면 오히려 그와의 관계가 멀어질 가능성도 없지 않기 때문이다. 사실은 피드백도 관계개선을 위한 선의에 입각하지 않고 다만 상대방을 해치거나, 징벌하거나, 적개심을 표현하기 위하여 주어질 때, 파괴적인 결과를 초래하게 된다. 뿐만 아니라 부정적이고 비판적인 피드백만을 계속적으로 주는 경우에도 그 결과는 파괴적이 된다.

그러므로 우리는 피드백을 줄 때 상대방의 긍정적인 면과 부정적인 면을 균형 있게 취급하도록 유의하여야 할 것이다. 우리는 타인으로부터 주어지는 부정적인 피드백을 통하여 우리의 비효과적인 행동을 개선할 수 있는 동시에 긍정적인 피드백을 통하여 특정 행동을 계속 발달시킬 수 있기 때문이다. 그러므로 우리는 인간관계 개선에 도움을 받기 위하여 효과적으로 피드백을 주고받을 수 있는 능력을 길러야 하는 것이다.

Key Point

1. 의사소통 이전에 우선 관심을 기울여야 한다.
2. 상대방이 전달하고자 하는 정보나 생각 등을 확인해 본다.
3. 상대방의 느낌과 경험을 정확히 이해하고 있는가를 확인한다.
4. 인간은 감정적 존재이기 때문에 느낌을 보고한다.
5. 피드백 활동을 통하여 객관성을 높인다.

MEMO

Customer Service Technic

CHAPTER 3

서비스 센스

❶ 서비스요원의 역할과 마음가짐
❷ 당신이 바로 프로 세일즈맨
❸ 이럴 때는 어떻게 하는가?

"대화는 중요하다"

대화는 말을 주고받는 것이다. 그러므로 서로 주고받는 이야기꺼리, 즉 화제의 선택은 대화의 시간을 보다 윤택하게 하느냐 못하느냐를 결정짓는다는 것이다.

사람들 중에는 상황에 따라 적절한 화제를 선택하여 부드럽게 분위기를 이끌어가는 재능이 있는 이도 있다. 반면, 어떤 이는 남이 묻는 말에 필요한 최소의 말로 대답하고, 필요한 최소의 말만 물어볼 뿐 오히려 분위기를 서먹서먹하게 만드는 사람도 있다. 침묵은 금이라 하지만 그렇게 멋대가리 없어서야 손님 끌기는 틀렸다 할 것이다.

1 서비스요원의 역할과 마음가짐

베스트 서비스맨의 마음가짐이란?

① 확고한 직업의식을 가지고 있다.
직업의식 없이 서비스정신은 존재할 수 없다.
② 고객의 입장에서 생각하고 있다.
서비스의 주체는 고객이다. 항상 역지사지(易地思之)의 정신이 필요하다.
③ 원만한 성격을 가지고 있다.
인간은 누구나 막론하고 성격이 원만한 사람을 좋아한다는 것이다.
④ 긍정의 측면에서 생각하고 있다.
가능할 수도, 불가능할 수도 있을 때는 가능을 택한다.
⑤ 고객의 마음에 들도록 노력한다.
자기 마음에 들도록 애쓰는 사람이 미울 수가 없다.
⑥ 공사(公私)를 구분하고 공평하게 한다.
서비스맨은 공평의 안경을 통하여 고객을 대한다.
⑦ 자기 나름의 원칙을 세우고 있다.
고객을 상대할 때 꼭 지켜야할 자기 나름의 원칙을 세워 마음속에 새겨두어야 한다.
⑧ 인내할 줄 안다.
서비스에 관한 한 참는 데에 있어서 한계란 없다.
⑨ 자신을 가지고 있다.
고객에게 접근하는 데에 불가결의 요소는 자신을 갖는 것이다.
⑩ 끊임없이 반성하고 개선하고 있다.
서비스맨은 태어나는 것이 아니라 부단한 반성과 개선에 있다.

1 어째서 서비스가 결정적 수단인가?

점포를 이용하는 과정에서 '기분이 좋다'는 것이 그 점포의 서비스이거니와 손님은 상품에 그의 서비스가 추가된 대금을 치르고 있다는 것이다. 판매란, 단순히 상품과 대금의 교환은 아닌 것이다.

1) 어째서 서비스인가?

판매를 공식으로 표현하면, '상품 + 서비스 = 대금'이 된다. 그러므로 상품과 대금이 같아도 서비스가 나쁘면 고객은 대금(상품의 가격)이 비싸게 느껴지고, 반대로 서비스가 좋으면 대금은 싸게 느껴지는 것이다. 그래서 판매는 상품이 좋아야 하는 건 당연하지만, 동시에 고객에 대한 서비스도 훌륭해야 하는 것이다.

2) 좋은 서비스가 입지의 악조건을 커버한다

소매업은 많은 고객이 이용해 주지 않으면 번성하지 못한다. 그러기 위해서는 사람이 모이는 곳(번화가, 레저시설), 사람 왕래가 많은 곳(역 앞, 점포가), 자동차가 많이 다니는 곳(도로변의 쇼핑센터)에 점포를 마련할 필요가 있다.

그러나 점포가 이러한 좋은 입지에 있을 경우에는 손님이 많이 보이므로 그에 습관화되어 서비스에 소홀해지지 않도록 주의해야 한다.

반면에 점포의 입지조건이 별로 좋지 않은 곳에 있을 경우에는 반대로 좋은 서비스를 제공하도록 노력해야 한다. 그러면 입지의 악조건을 떨쳐버리고 고객을 능히 끌어당길 수가 있다.

2 서비스의 올바른 의미를 알고 있는가?

① 값 깎기

많은 물건을 사고 "이렇게 많이 샀으니까 10%쯤 서비스해 주세요."라고 하면 종업원도 "그러시면 10% 서비스해 드리죠." 하고 대답하는 경우가 있다. 이런 경우의 서비스란 '값 깎음'을 의미한다.

② 공짜(무료)

쇼핑을 하고 "이것을 선물용으로 포장해 달라."고 부탁하면 상자에 넣어 리본으로 예쁘게 장식해 준다. "상자와 리본값은?" 하고 물으면 때로는 종업원이 "이건 서비스입니다." 하고 대답하는 수가 있다. 이때의 서비스는 '공짜'라는 뜻이다.

③ 덤

완구점에서 배터리로 달리는 자동차를 사면 종업원이 "손님, 배터리 한 개를 서비스로 드리겠습니다." 하는 경우가 있는데, 이것은 '덤'의 뜻이다. 말하자면 서비스를 값 깎기, 공짜, 덤으로 해석하고 있는 것이지만, 이것들은 모두 틀린 생각이다.

유럽이나 미국에 가면 흔히 체험하는 일이지만, 서비스는 공짜가 아니라 모두 유료이다. 즉 남에게 하게 한다거나 의뢰를 하면 반드시 팁으로 사례를 한다.

단적인 예가 레스토랑이다. 거기서 일하고 있는 웨이터나 웨이트리스는 월급이 몹시 낮거나 아예 월급이 없는 곳도 있다. 그래서 손님이 두고 가는 팁으로 생활하는 것이다. 그러므로 한마디로 그들의 서비스는 진지하다. 정성껏 서비스를 하고 팁을 많이 받으려고 매우 노력한다는 것이다.

1) 우리나라에서 서비스는 무료라는 인식?

일례로 레스토랑 종업원이 음식 그릇에 손가락을 담근 채 날라다가 테이블 위에 난폭하게 그릇을 놓아두었다고 가정하자. 손님은 서비스는 무료라고 생각하므로 불평도 못하고 참고 먹는다. 그런데도 월말이 되면 레스토랑 경영자는 그 종업원에게 급료를 지불하는데, 이 돈은 어디에서 나온 것일까?

사실은 경영자는 손님으로부터 받은 음식값의 일부를 모아두었다가 이것을 종업원에게 급료로 지불한 것이다. 이렇게 되면 외국과 마찬가지로 그 종업원은 고객한테서 급료를 받고 있다고 할 수 있는 것이다.

2) 서비스는 유료

외국에서는 급료를 고객한테서 직접 팁이라는 형식으로 받고 있지만, 우리나라에서는 대개 서비스료가 상품대금에 포함되어 있기 때문에 경영자의 손을 거쳐 급료를 손님한테서 받게 된다.

그러므로 외국과 우리나라에서는 급료를 받는 방법은 다를지언정 고객한테서 받고 있는 게 틀림없는 것이다.

최근에는 우리나라의 고객들도 이 점을 깨닫기 시작했다. "서비스라고 해서 공짜라고 여겼더니 어딘가에 값을 치르고 있는 것이다."라고 생각하는 사람이 많아졌다는 것이다.

3 진정한 서비스는 어떻게 하는가?

서비스가 우리나라에서도 유료라는 것을 알게 되었지만, 그렇다면 서비스란 어떤 것일까?

진정한 의미에서의 서비스란 고객이 갖고 싶은 것을 갖고 싶을 때에 원하는 방법으로 제공하여 만족하게 모시는 일이다. 한마디로 말하면, 서비스란 고객이 원하는 것을 만족스럽게 하는 일이다.

영어에 want라는 말이 있는데, 이는 '욕망(欲望)'이라든가 '갖고 싶다'라는 의미이다. 그런데 사전을 찾아보면, 그 뒤에 '부족'이라든가 '모자라다'라는 의미가 있음을 알게 된다. 결국 영어에서는 '갖고 싶다'는 것과 '모자란다'는 것은 같은 말로 표현되는 것이다. 요컨대 서비스란 고객이 부족하다고 생각하는 점을 상품이나 정보로 보충해주는 일인 것이다.

4 고객이 필요로 하는 것을 알아내려면?

고객이 갖고 싶어하는 것을 갖도록 하는 것이 서비스이며, 고객이 부족하다고 생각하는 부분을 채워주는 것이 서비스이다. 그러나 갖고 싶은 것은 사람에 따라 다르고, 또 같은 사람이라도 환경이 변하면 갖고 싶은 것이 달라진다. 예컨대, 더운 여름철에는 찬 주스나 맥주를 마시고 싶던 사람도 추워지면 따뜻한 커피나 뜨거운 차를 마시고 싶어하는 것이다.

필요로 하는 것이 사람에 따라 다르고 환경에 따라 다르다고 하면 어떻게 해서 그 사람이 원하는 것을 알 수가 있을까.

고객이 필요로 하는 것을 알아내는 방법은 세 가지가 있다.

첫째, 고객과 서로 이야기하는 일이다. 고객과의 대화 속에서 그가 필요로 하는 것을 알아낼 수 있다. 다만 친밀한 사이가 아니면 체면을 생각해서 좀처럼 본심을 밝히지 않는 경우가 있으므로 다음 방법도 병용할 필요가 있다.

둘째, 선택이다. 상품 몇 가지를 골라 고객한테 보여주면 그 고객이 필요로 하는 것을 알 수 있다.

셋째, 관찰이다. 구매하려고 하는 고객의 거동을 관찰하면 어느 정도 고객이 필요로 하는 것을 알 수 있다.

진정한 서비스란, 고객이 말하기 전에 이쪽에서 알아차리고 해주는 일이다.

서구 사람들은 자기주장이 강하기 때문에 하고 싶은 말은 거리낌 없이 한다. 그래서 서구인 고객에게는 말하는 대로 하면 된다.

그러나 우리나라나 일본인은 속마음과 겉으로 내뱉는 말에 있어서 쉽사리 본심을 드러내지 않는 경우가 있으므로 이쪽에서 헤아려 주어야 한다. 따라서 우리나라와 일본의 서비스는 '짐작형 서비스'라 서구보다 훨씬 어려운 것이다. 고객의 거동과 태도를 잘 관찰하여 고객의 기분을 생각하고, 무엇을 원하는지를 헤아려 서비스하는 일이 중요하다.

그렇다면 두 가지가 성립되어야 진정한 서비스다. 물품을 팔 경우에도, 서비스라는 상품을 팔 경우에도 그것을 제공할 때의 접객서비스는 매우 중요하지만, 이것을 그 내용에 따라 분류하면 다음과 같다.

하나는 웃는 얼굴에 기분 좋은 접객에다가 성의가 깃든 시원시원한 응대이다. 또 하나는 풍부한 상품지식이 뒷받침된 적절한 어드바이스와 정보를 고객에게 제공하는 일이며, 또 고객의 욕구에 가장 맞는 상품을 골라내어 권장하는 일이다.

이 두 가지의 서비스는 전혀 다른 것이지만, 실제로는 하나로 융합하여 고객이 진정으로 필요로 하는 것을 즐거운 마음으로 살 수 있도록 돕는 것이다.

5 예의범절과 에티켓의 차이는?

"예의범절과 에티켓은 어떻게 다른가?" 하고 묻는다면 당신은 어떻게 대답할 것인가? 이 양자의 큰 차이는 두 가지가 있다.

첫째는, 예의범절에는 손위와 손아래가 있어 손윗사람을 공경해야 하지만, 에티켓은 사람과 사람과의 대등한 교제로 손위라든가 손아래라는 구별이 없다.

둘째는, 그 지도방법이 전혀 반대라는 점이다. 예의범절이 형식(태도와 말씨)을 지도함으로 해서 정신면을 갖추게 하는데 대해, 에티켓은 전혀 그와 반대로 정신면을 지도함으로 해서 형식을 갖추게 하려는 것이다. 이를 알기 쉽게 설명하기 위해 레스토랑에서의 식사방법을 예로 들고자 한다.

우리는 고급 레스토랑에 가면 테이블 에티켓에 몹시 신경을 쓴다. 수프 마시는 법에서부터 시작하여 빵 먹는 방법, 나이프와 포크 잡는 법에 이르기까지 형식에 너무 구애받고 있다. 이는 잘못된 식사방법으로 남에게 웃음을 사지 않으려 신경을 쓰고 있기 때문이다.

그러나 서구인은 나이프와 포크를 사용하는데 우리만큼 신경을 쓰지 않는다. 예를 들어, 비프스테이크를 처음에 전부 자르고 나서 포크를 오른손으로 바꾸어 잡고 먹기도 한다. 그렇지만 음식을 먹거나 마시거나 할 때는 절대로 소리를 내지 않는다. 그들은 식사 중에 소리를 내는 건 남에게 폐가 되고 남을 불쾌하게 하므로 에티켓에 반하는 행위라고 생각하고 있기 때문이다.

1) 남을 생각하는 마음

'남에게 폐를 끼치지 않는다, 남을 불쾌하게 하지 않는다'는 마음이 이른바 남을 헤아리는 정신인데, 이것을 어릴 때부터 엄격하게 교육하고 있는 것이다. 일례로 남을 헤아리는 정신을 가르침으로써 형식을 올바르게 갖추도록 하는 것이다.

그러나 한국인은 형식을 가르침으로써 손윗사람을 공경하게 하는 정신을 만들어 내려는 것이다. 말하자면 한국인은 남에게 웃음을 사지 않도록 형식을 똑바로 하고, 서구인은 남을 불쾌하게 하지 않도록 그 기분을 존중하여 자기의 행동을 규제하는 것이다.

2) 형식과 남을 생각하기와의 관계

예의범절의 형식과 에티켓은 남을 생각하기가 사실은 접객서비스의 중요한 기본이 되는 것이다. 우리는 동방예의지국을 자랑하는 사람이므로 형식을 존중하고 손님에 대한 태도며 말씨를 공손히 하는 일이 중요하다. 그와 동시에 에티켓의 정신인 '남을 생각할 줄 아는' 마음을 지니고 형식(태도와 말씨)을 손님의 기분에 더욱 접근시키는 일이 중요하다.

이 양자는 본래 제각각이지만 서로 깊이 관련되어 있으므로 항상 양자를 연구하여 고객에게 가능한 한 좋은 서비스를 제공하도록 유의해야 한다.

동 · 서양의 차이

한국인	구미인
① 손위와 손아래가 있다. ② 형식을 지도한다.	① 사람과 사람과의 대등한 관계 ② 정신적인 면을 지도한다.
예의범절 중시	에티켓 중시

6 고객의 입장에 선다는 것은?

종업원이 상품을 고르는데 망설이고 있는 한 중년부인의 손님에게 말을 걸었다.

"어서오세요. 어느 것이 좋을지 생각하시는군요."

"그래요. 어느 게 좋을지…"

"그렇군요. 이것도 좋고, 이쪽도 세련되고, 이거 곤란한데요." 하며 짐짓 망설여지는 체를 한다.

종업원이 물건 고르기에 골똘히 생각하자, 손님은 "전문가도 망설이는 걸보면 내가 망설이는 건 당연하지" 하며 만족해하는 것이다.

종업원은 망설이는 체하면서 슬며시 손님의 복장과 소지품을 관찰하고, 화려함을 좋아할 것으로 판단되면 화려한 쪽의 상품을 골라 "이쪽은 디자인도 세련되어 있어 어떨까 하는데요." 하고 자신 있게 권한다. 보통은 이것으로 쇼핑이 결정되지만, 이 손님의 경우는 쉽게 결정 날 것 같지 않다.

"정말. 그렇지만 이것도 괜찮은데…"

"그럼, 이걸로 하시겠어요?"

이렇듯 손님의 기분을 생각한다는 것은 "손님이 어느 것을 골라야 할지 몰라 30여분이나 시간을 소비했기 때문에 그것을 회복하려고 서두르고 있구나." 하고 손님의 심정을 헤아리면, 소홀해지지도 않을 것이며 또 서둘러 추천해드리자는 마음도 생기는 것이다.

이렇게 남을 생각하는 마음은 접객서비스 중에서도 가장 중요한 것이다. 그렇다면 이러한 남을 생각하는 마음을 어떻게 하면 익힐 수 있을까.

첫째, 갖가지 경험을 해 볼 일이다. 특히 실제로 고객의 입장이 되어 가지각색의 점포에서 상품을 구입해 보면 좋을 것이다. 그렇게 하면 어떠한 대응을 받으면 편한지, 어떤 말을 들으면 불쾌한지를 잘 알게 된다.

둘째, 언제나 고객의 입장과 생각을 존중할 일이다. 그러기 위해서는 고객에게 호감을 갖는 것이 중요하다. 고객을 호의적으로 대하다보면 고객의 기분을 소중히 하려는 마음이 드는 것은 당연하다.

셋째, 여유 있는 마음을 지닐 일이다. 여유가 없으면 고객의 입장을 생각하기가 어려워질 것이다.

7 몸가짐을 체크하고 있는가?

처음 만나는 사람의 첫인상은 그 옷차림과 몸가짐으로 80% 정도 결정된다고 한다. 접객에서도 역시 종업원의 옷차림, 몸가짐이 그 점포의 첫인상이 되어 고객의 마음에 오래 남게 된다. 그래서 몸가짐을 단정히 해야 하지만 그 포인트는 다음 4가지이다.

첫째, 중요한 것은 청결이다. 청결이라고 하면 즉시 생각나는 것이 식품점 종업원의 흰옷이다. 흰옷은 무척 청결한 느낌이 들어 좋지만 조금만 손질을 게을리하면 더러워져서 오히려 불결한 느낌을 고객에게 준다. 그래서 희게 입으면 좋다는 게 아니라 입고 있는 흰옷을 유지하는 노력, 즉 매일같이 손질하는 일이 중요한 것이다. 남성의 수염도 매일 깎는 게 중요하다.

둘째, 센스를 연마하는 일이다. 패션상품은 물론이지만 오늘날에 와서는 식품에도 센스가 요구되는 시대다. 센스 없는 화장이나 복장을 한 종업원이 고객에게 아무리 능숙하게 상품을 권해도, 고객은 종업원의 말을 진정으로 신뢰하려 하지 않을 것이다.

셋째, 소박한 화장을 하도록 유의할 일이다. 옅은 화장이 짙은 화장보다 훨씬 아름답게 보이는 것이다.

넷째, TPO에 맞는 몸가짐을 갖도록 유의할 일이다. T는 Time(시간)이고, P는 Place(장소), 그리고 O는 Occasion(상황)의 뜻이다. 즉 때-근무 중, 장소-점포, 경우-접객이라는 3가지의 키워드를 생각하면 복장이나 화장에 지나침이 없어야 할 것이다.

8 유니폼은 왜 입는가?

"유니폼은 왜 입는가" 하고 종업원에게 물으면 "종업원과 고객을 구별하기 위해"라든가 "일하기 편하니까"라는 대답이 나오지만, 진정한 유니폼 착용의 의의는 다음과 같다.

첫째, 기업의 이미지 향상을 위해서다. 최근 유니폼에 관심을 갖게 된 것은 기업의 이미지를 높이기 때문이다.

둘째, 연대감(連帶感)의 육성이다. 당신도 나도 같은 회사의 일원이라는 생각을 단단히 갖고 협력해서 일을 해나가도록 하기 위해서이다.

셋째, 통일된 아름다움을 만들어내기 위해서이다. 유니폼은 입고 있는 사람의 미(美)나 개성의 발휘를 억제하는 것이다. 그 대신 기업 전체로서의 미와 개성은 충분히 발휘된다.

1) 입고 있는 사람의 성격을 대변

유니폼은 모두 동일한 재질, 디자인으로 만들어진다. 그 때문에 위의 예와 같이 입고 있는 사람의 성격이 그대로 유니폼에 나타나는 것이다.

그러므로 성격이 깔끔한 사람은 그대로 입으면 되지만, 자신은 단정치 못한 성격이라고 여겨지면 그것을 남들이 알아채지 못하도록 단정하게 입도록 유의해야 할 것이다. 그래서 유니폼에만 의지하고 멋대로 입어서는 안 된다.

2) 동일한 서비스 기대

동일한 유니폼을 입고 있다는 것은 같은 회사의 종업원이라는 것뿐만 아니라 고객에 대해 동일한 서비스를 제공해야 한다는 뜻이다. 동일한 고객의 요망에 대하여 종업원의 대응방법이 제각기 달라진다면 고객은 당황할 것이고, 또 동일한 유니폼을 입는 의미가 없어질 것이다.

서비스맨과 웃음 효과

① 마인드 컨트롤
일부러라도 웃다보면 자연스럽게 기분이 좋아지는 게 웃음이다.

② 감정 이입
웃음은 서비스맨의 기분만 좋아지게 하는 게 아니라 그를 상대하는 고객의 기분까지 즐겁게 해준다.

③ 건강 증진
웃음이 건강에 좋다는 것은 여러 연구결과들의 공통된 견해이다.

④ 신바람
웃음은 수많은 고객을 상대하는 고달픈 상황 하에서도 그것을 극복할 수 있는 활력을 불어넣어 준다.

⑤ 호감
웃음은 서비스맨의 인상을 좋게 해주어 고객으로 하여금 호감과 친밀함을 느끼게 한다.

⑥ 실적 향상
서비스맨의 웃음은 영업 실적에 직결된다.

Key Point

1. 서비스요원의 역할과 올바른 마음가짐이 전제되어야 한다.
2. 서비스 판매란 단순히 상품과 대금의 교환만은 아니라는 것이다.
3. 좋은 서비스는 입지의 나쁜 조건을 만회시켜 준다.
4. 값 깎기, 공짜(무료), 덤이 올바른 서비스인가?
5. 진정한 서비스란 고객이 원하는 것을 적시에 갖게 함으로써 만족시켜주는 것이다.
6. 훌륭한 서비스는 고객이 말하기 전에 고객의 마음을 읽고 서비스해 주는 것이다.
7. 예의범절과 에티켓의 차이는 형식과 정신 간의 순서상의 차이가 있다. 서비스에는 예의범절을 바르게 함과 동시에 에티켓의 '남을 생각하는' 정신을 기르는 일도 중요하다.
8. 몸가짐에 중요한가 하는 정신적 측면의 공부와 동시에 체크포인트표를 바탕으로 형식, 즉 몸가짐을 단정히 하는 일이 중요하다.

2 당신이 바로 프로 세일즈맨

1 사회인이라면 이렇게 한다

학교를 졸업하고 회사에 입사했을 때, 학생과 사회인은 어떤 점이 다르다고 생각했는가. 책임의 정도가 다르다든가, 인간관계의 기본자세가 다르고 휴가를 받는 방법이 다르다는 등 여러 가지가 있을 것으로 생각하지만, 가장 큰 차이는 돈을 지불하는 입장에서 돈을 받는 입장으로 바뀌는 것이 아닐까 싶다. 왜냐하면 돈을 치르는 것과 받는 것과는 정반대이기 때문이다. 돈을 지불하면 보통 무엇을 얻게 될까. 물론 물품을 얻을 수 있지만 이를 일반적인 말로 표현하면 권리를 갖게 된다고 한다.

권리란 '무언가를 할 수 있다'는 뜻인데, 또 매우 편리한 점으로는 '권리는 사용하든 사용치 않든지 아무 상관없는' 것이다. 예를 들면, 회사에 들어가 급료를 받으면 무엇을 얻게 될까. 바로 권리의 반대말인 의무가 생기는 것이다. 의무란 '무언가를 하지 않으면 안 된다.'는 뜻이고 하지 않으면 벌을 받는다.

권리와 의무는 엄청난 차이가 있다. 이렇게 따지고 보면 학교를 졸업하고 사회인이 된다는 것은 권리의 세계에서 의무의 세계로 옮기는 것을 의미한다. 이러한 권리세계에서 의무세계로의 변화를 충분히 이해하고 업무에 임하지 않으면 주위에서 비판의 소리가 나온다.

2 기본을 빨리 익혀라

학창시절 어려움에 처했을 때 효과가 있었던 말은 "아직 배우지 않았습니다", "몰랐습니다"의 두 가지 말이 있을 것이다. 예를 들면, 선생님이 "내일 이 교과서 1페이지부터 100페이지까지를 시험한다. 열심히 공부해 오도록." 하고 말했을 때, 학생들이 "선생님, 아직 80페이지밖에 안 배웠어요."라고 하면 선생님은 "아, 아직 80페이지까지였던가? 그렇다면 80페이지까지만 시험을 내겠다."라며 양보해 주셨을 것이다.

또 규정 위반으로 선생님한테 붙잡혔을 때 "이런 규정이 있는 줄 몰랐습니다." 하고 정직하게 말하면, 선생님은 때로는 "정말 몰랐는가. 그럼 이번에는 용서해 주겠다. 앞으로는 그러지 마" 하고 용서해 주셨을 것이다.

그러나 사회에 나오면 "아직 배우지 않았습니다", "몰랐습니다"라는 말은 금기어인 것이다. 왜냐하면 이런 말을 쓰면 선배나 상사로부터 "자네, 이건 배우고 안 배우고의 문제가 아니야. 이런 건 기본이야." 하는 말을 듣게 되기 때문이다.

기본이란 무엇일까. 기본이란 보통 사람이면 다 갖고 있는 지식과 사고방식이다. 그래서 사회에 나오면 이 기본을 늘리지 않으면 주위 사람들이 상대하려 하지 않는다. 그러므로 조금이라도 주위와 보조가 맞지 않는다든지 어떻게 해야 좋을지 모르겠다고 여겨지면 잠자코 있지 말고 "이러면 될까요?" 하고 주위 사람들에게 물어가며 한 가지씩 익혀 갈 필요가 있는 것이다.

1) 기본을 익히라

기본은 이쪽에서 묻지 않으면 상사나 선배가 먼저 가르쳐 주지 않는다. 이는 심술궂어서 가르쳐 주지 않는 게 아니라 그 정도 기본쯤은 누구나 다 알고 있을 것으로 생각하여 가르쳐 주지 않는 것이다. 그러므로 기본이나 일하는 방법에 대해서는 이쪽에서 먼저 적극적으로 질문하여 익히도록 해야 한다.

학생 때는 교실에 가만히 앉아있으면 선생님이 커리큘럼에 따라서 차례로 가르쳐 주었지만, 사회에서는 그런 소극적인 자세로 있다가는 아무것도 익히지 못한다. 자신이 먼저 적극적으로 물어서 공부하고 터득하는 것이 무엇보다도 중요한 일이다.

2) 말씨는 신중하라

모든 사람이 알아야 할 기본의 하나로 고객과 상사, 선배에 대한 말씨가 있다. 말씨는 말을 하고 있는 사람과 듣고 있는 사람과의 상호관계를 규정하는 것이다. 따라서 경어를 써서 말하면 상대방을 존경하는 일이 되고, 정다운 말씨를 쓰면 상대방을 자기와 같은 동아리로 본다는 느낌을 주게 된다. 그래서 고객이나 상사에 대해서는 말씨에 충분히 배려하지 않으면 뜻하지 않은 오해를 초래하므로 주의해야 한다.

3 일하는 보람을 소중히 한다

영업장에서 종업원으로 일하고 있는데, 접객하는 일이 싫어져서 그만두고 싶은 생각이 들 때가 있을 것이다.

어느 날, 종업원이 한 손님에게 상품을 팔면서 정확한 사용법을 자세히 설명하였다. 그러나 손님은 그 설명을 잘 듣지 않았기 때문에 단 한 번 사용했을 뿐인데도 그 물품을 고장내고 말았다. 이튿날 손님이 노발대발하며 찾아왔을 때도 만일 손님과 대등하게 이야기할 수 있었다면 손님의 부주의를 지적하고 이쪽에 책임이 없음을 밝혔을 것이다. 하지만 현실은 그렇게 되어있지 않다. "어제 틀림없이 바른 사용방법을 설명해드렸지만 저의 설명이 부족해서 폐를 끼쳤습니다." 하고 사죄하는 꼴이 된 것이다.

도대체 접객(接客)이며 판매란 어떤 직업인가? 가령 상대방이 잘못했더라도 항상 사과를 해야 하는 매우 처참한 직업이고 인간 이하의 직업이 아닌가 하면서 고민할 때가 있을 것이다.

그러던 어느 날, 농담 잘하는 명랑한 손님을 만나 오랜만에 무척 즐거운 접객을 했다. 그 손님이 돌아가고 나서 문득 정신이 들자 종업원의 우울했던 마음은 어렴풋이 훈훈해지고 있었다. 그리고 그는 이 기분의 변화가 그 명랑한 손님과 이야기를 한 결과임을 알고 깜짝 놀랐다. "세상에는 사람의 마음을 이렇듯 따뜻하게 해주는 사람도 있구나" 하고 새삼 느낀 것이다.

그 후 종업원은 "나도 그와 같은 사람이 되어야겠다."고 생각하기 시작했다. 여러 가지 생각을 하던 중에 종업원은 판매란 상품과 대금의 단순한 교환이 아니라 상품을 통해서 고객의 마음과 종업원의 마음이 서로 통하고 상호간에 영향을 미치는 일이라는 점을 깨달은 것이다.

사실, 쇼핑하러 가서 몹시 친절하게 대해주면 나중에 또 그 점포에 가고 싶어지지만, 반대로 불쾌한 느낌을 받으면 두 번 다시 그 점포에 가지 않겠다고 생각하는 것이다.

이는 전자가 종업원으로부터 좋은 영향을 받은데 대하여 후자는 나쁜 영향을 받았기 때문이다. 따라서 종업원은 서비스 하는 입장에 있기 때문에 손님에게 가능한 한 좋은 영향을 주어 또다시 찾아올 수 있게 하는 것이 종업원의 임무인 것이다.

1) 접객을 통해서 자기 자신을 키운다

종업원 역시 접객을 통해서 손님으로부터 여러 가지 영향을 받고 있다는 것이다. 때로는 시달리거나 슬퍼하거나 기뻐하면서 인간적으로 훌륭한 사람이 되도록 단련받는 것이다. 온실 속에서 사람은 자라지 않는다. 비바람을 맞아야 비로소 훌륭한 사람이 될 수 있는 것이다. 이렇게 생각하면 판매는 결코 처참한 인간 이하의 직업이 아니라 훌륭한 인격형성의 터전인 것이다.

우리는 서비스업이라고 하는 접객 일을 하면서 조금이라도 자기 자신을 향상시키도록 매일의 업무에 최선을 다함과 동시에 접객서비스라고 하는 직업에 대해 크게 프라이드를 가져야 하겠다.

4 '이렇게 되겠다'하는 마음을 간직한다

일에 관한 목표와는 별도로 인생에 관련한 목표를 갖는 것은 매우 중요한 일이다. 인생 목표는 보통 장기와 단기의 두 가지가 있다.

장기 목표란 지금부터 5년, 10년 앞을 생각한 목표라 막연한 듯하지만 좀처럼 바뀌지 않는다. 이에 대해 단기 목표는 금년 1년의 목표라 지극히 뚜렷하지만 매년 바뀐다.

예컨대 "나는 장래 교외의 조용한 곳에 멋진 집을 지어 살겠다." 하는 것이 장기 목표다. 하지만 교외 어딘지, 멋진 집이란 몇 평에 몇 칸짜리인지는 전혀 결정되어 있지 않다. 전체적으로 막연한 목표이다.

이 장기 목표를 달성하기 위하여 단기 목표로서 올해는 1,000만원을 모으자고 정해 그것이 달성되면, 이듬해는 2,000만원을 저축하자고 하듯이 해마다 목표는 변화한다.

집을 짓는다는 것은 비유해서 한 말이다. 인생 목표는 "애써서 이 회사에 들어온 거니까 언젠가 부장이 되고 싶다." 라든가 "여기서 일한 경험을 살려 고향에서 작은 가게를 경영해 보고 싶다", "멀지 않아 이런 가정을 꾸미고 싶다."라고 하듯이 사람마다 다를 것으로 생각한다.

그러나 자기 나름의 인생 목표를 갖고 그것에 도전한다는 마음을 지속하기 위해서는 적극적으로 노력해야 한다. 여기에 진보가 있는 것이다. 또 인생 목표를 갖고 있는 사람은 눈이 빛나며 동작도 활기차다. 생각하면서 일을 하고 있기 때문이다.

이에 대해 인생 목표를 갖지 않은 사람은 그날그날이 무사히 지나가기만 하면 되는 것이므로 진보가 전혀 보이지 않는 것도 당연하다 할 수 있다. 일 중에는 신중하게 계획을 세워서 추진하는 일이 있는가 하면, 매일 같은 작업을 반복하는 정형적인 일도 있다.

인생 목표를 갖고 그것에 도전하고 있는 사람은 이 반복되는 작업 가운데서도 어떻게 하면 좀 더 빨리 할 수 있을까, 어떻게 추진하면 더욱 효율적일까 하고 매일 창조적인 생각을 하고 궁리하고 있다. 그러니까 진보가 있는 것이다.

그런데 인생 목표를 갖지 않은 사람은 오늘 하루가 대가없이 끝나면 되니까 창조적인 생각도 궁리도 하지 않는다. 이래서는 진보도 성장도 없는 게 당연하다.

1) 1년에 한 번쯤은 지난 일을 되돌아보자

1년 동안의 자기 자신이 일해 온 자세를 생각해내고 현재의 작업 자세와 비교해보면 필시 많은 진보가 있었음을 알게 될 것이다. 작년에 1~2시간이나 걸려서 땀 흘리며 하던 일이 금년에는 단 30분 만에 해치울 수가 있음을 알면 자신의 성장 모습이 뚜렷이 이해된다. 자신의 진보가 확인되면 금년은 더욱 발전하자는 투지가 저절로 솟아나게 된다는 것이다. 그런데 1년에 한 번도 지난 일을 되돌아보지 않는 사람은 자기의 진보를 깨닫지 못할 뿐더러 지난해와 같은 일을 하고 있기 때문에 매너리즘에 빠진다. 작년보다 성장한 자신을 확인하기 바란다. 그러면 반드시 의욕이 생길 것이다.

5 규칙을 지켜라

기업은 조직으로 움직여지고 있다. 그 때문에 종업원 한 사람 한 사람에게 업무와 역할이 주어지고 있는 것이다. 이 역할이나 업무를 각자가 책임을 갖고 완수하지 않으면 주위 사람의 작업에 영향이 미친다. 그 결과 주위에 폐를 끼칠 뿐만 아니라 기업 전체의 업무 효율을 떨어뜨리게 될지도 모른다. 그러므로 회사에서는 자기에게 할당된 작업의 의미와 목적을 잘 이해하고 올바른 작업방법을 빨리 익혀 일에 숙달해야 한다.

일하는 방법을 잘 모른다고 해서 제멋대로 하는 것은 사고의 원인이 된다. 선배에게 물어서 올바른 방법을 똑똑히 익히도록 한다. 직장에서는 회사의 취업규칙(就業規則)에 따라야 할 것은 물론이지만, 그 이외에도 직장마다 있는 독자적인 작은 규정, 즉 '직장의 룰'을 지키며 작업을 진행하는 것도 중요하다.

취업규칙은 근로시간이나 휴식, 직장을 쉴 때의 절차 등이 성문화되어 있기 때문에 자세히 읽으면 그 내용을 이해할 수가 있다. 그러나 직장 룰은 각 직장에서 자연스레 생겨난 룰이므로 문장으로 되어 있지 않을 수도 있어 자칫하면 알지 못할 경우도 있으므로 주의해야 한다.

모른다고 그대로 있으면 직장의 룰을 자신도 모르게 위반하게 되어 선배로부터 핀잔을 듣거나 주위로부터 따돌림을 당하게 되어 직장에서의 인간관계가 나빠지게 된다. 그러므로 적극적으로 선배에게 물어 직장 룰을 빨리 익히도록 해야 한다.

6 프로페셔널이 되어라

프로란 바로 일을 떠나서 놀고 있을 때도 5%는 머릿속에서 일을 생각하는 사람을 가리킨다. 놀고 있을 때 두뇌의 100%가 놀이 속에 파묻혀 버려서는 도저히 프로라고 할 수 없다.

가령 5%라도 업무에 관한 생각이 머릿속에 있으면 노는데 정신이 없어 피로가 겹쳐 이튿날 회사를 쉬는 그러한 일은 피할 수 있다. 또 일에 관한 것을 5%라도 끊임없이 생각하고 있으면 고객과의 약속을 잊지 않을 뿐더러 오히려 훌륭한 접객방법의 힌트나 일과 관련된 귀중한 정보가 여러 장면에서 얻어지는 것이다.

같은 일을 하더라도 아마추어가 아닌 프로라는 말을 듣고 싶은 것이다. 그에 따라서 생활을 향상시킬 뿐 아니라 자기 자신을 연민하고 능력을 높일 수 있기 때문이다.

7 잘되었을 때의 기쁨을 잊지 않는다

프로페셔널한 종업원은 자기의 실적이 목표를 돌파했을 때 큰 기쁨을 느끼는 것은 말할 나위도 없다. 이밖에 자기의 접객서비스가 손님을 기쁘게 했을 때 진정으로 기뻐짐과 동시에 직업에 대한 보람을 느끼는 것이다.

손님에게 가장 잘 어울린다고 생각되는 옷을 찾아내어 권하거나 손님의 요망에 딱 들어맞는다고 믿고 권했던 바, 그것을 구매한 손님이 며칠 후에 다시 찾아와서, “너무 잘 어울린다고들 하더군요. 대단히 고맙습니다."라든가 "그건 내가 꼭 갖고 싶었던 건데 아주 편리하게 사용하고 있어요. 고마워요." 하며 감사해 했을 때 매우 큰 기쁨을 느끼는 게 아닐까.

이는 자기의 선품력(選品力), 센스, 관찰력이 고객의 쇼핑에 도움이 된다는 기쁨이고, 동시에 손님이 자기의 실력을 인정해 주었다는 반가움이기도 하다.

이와 같은 기쁨을 얻으려면, 종업원은 다음 세 가지 점을 익힐 진지한 노력을 해야 한다.

첫째, 풍부한 상품지식을 익힐 일이다. 이것은 단순한 이론적·관념적인 지식이 아니라 일상생활 중에서 실제로 그 상품을 사용하고 얻은 실천적 지식이 아니어서는 안 된다.

둘째, 뛰어난 센스를 기를 일이다. 오늘날에는 식품에서조차 센스가 요구되는 시대이다. 센스가 없는 종업원은 고객으로부터 신뢰 받지 못한다. 특히 컬러 코디네이터의 센스에 뛰어난 것이 중요하다.

셋째, 고객의 취미나 기호, 사고방식을 정확하게 꿰뚫어 보는 힘을 갖고 있을 일이다. 이것이 없으면 아무리 좋은 상품이라도 고객에게는 어필하지 않을 것이다.

결과적으로 신용은 획득한다는 것이다. 성의 있게 손님의 구매를 도와주면 차츰 그 손님과 친하게 사귈 수가 있고, 손님의 기호와 사고방식을 알 수 있게 된다. 그리고 그 결과 이쪽의 성의와 센스를 인정받게 된다.

이렇게 되면 고객은 모든 면에서 종업원을 신뢰하고 물품 고르는 일을 맡기게 된다. 그렇지만 여기에서 고객한테 무례하게 굴지 않고 어디까지나 조심스러운 태도로 고객의 기분을 잘 맞추도록 노력하면 진정한 의미에서 종업원의 팬이 되는 것이다. 또한 종업원이 30분 이상 걸려서 열심히 상대한 손님이, 그녀가 권한 드레스를 사지 않고 돌아설 때에 크게 기분이 상하게 된다. 하지만 마음을 고쳐먹고 "또 오세요." 하며 웃는 얼굴로 배웅했을 때 저녁 무렵 다시 찾아와 "역시 당신이 권하던 이 옷으로 구매하겠습니다."라고 했을 때, 종업원은 마음속으로부터 큰 기쁨을 얻게 되는 것이다.

8 재치와 기지의 응대법

흔히 재치와 기지(機智)는 혼용되는 수가 많다. 본래의 뜻은 서로 다르지만, 경우에 따라서는 거의 동의어로 사용되어도 무방할 때가 있다.

사전에서 그 의미를 찾아보면, 재치는 "눈치 빠른 재주", 기지는 "그때그때에 따라 재치 있게 움직이고 슬기"라고 풀이하고 있다. 그래서 필자는 "접객할 때의 기지란 순간적으로 마음이 움직여 손님을 조금이라도 유리한 입장에 있게 하는 것"이라고 정의하고 싶다.

때로는 고객 자신의 과실로, 때로는 종업원의 착오로 인해 고객이 난처해하거나 혹은 궁지에 빠지는 수가 있다. 이럴 때 즉석에서 고객의 입장이 조금이라도 유리해지도록, 또는 고객이 궁지에서 벗어나도록 손을 쓰는 것이 기지인 것이다. 따라서 접객할 때의 기지는 첫째로, 고객의 입장을 존중하고 고객의 기분이나 생각을 헤아리는 일이다. 이는 평소부터 고객지향의 생각을 길러야 한다. 바꿔 말하면, 어떻게 하면 고객의 입장을 조금이라도 유리하게 할 수가 있을까, 또 어떻게 하면 고객의 기분을 부드럽게 할 수 있을까를 생각하고 행동할 일이다.

둘째로, 그것을 순간적으로 생각해 내야 하는데, 그러기 위해서는 자기의 업무를 중심으로 여러 가지 돌발적 사고나 사건을 많이 경험해 둘 일이다.

셋째로, 많은 경험을 그저 쌓기만 하는 게 아니라 그것을 그때마다 반성하고 검토하여 머릿속에 정리하고 기억해 두는 것이 중요하다. 예컨대, 그 방법이 좋았든가 혹은 그 방법보다 더 좋은 방법은 없었을까 하고 반성하며 검토하는 것이다. 그리고 그 결과를 정리해서 기억해 두는 것이다. 이렇게 해두면 만일의 경우 취해야 할 최선의 방법을 생각해낼 수가 있다. 만에 하나라도 구체적인 방법이 떠오르지 않을 경우라도, 즉시 과거의 데이터를 꺼내어 이용할 수 있다. 만약 과거에 전혀 없었던 새로운 문제가 발생했을 때라도 그에 가장 가까운 과거의 해결방법을 참고할 수 있다.

넷째로, 기지는 일순간의 움직임이므로 평소부터 이럴 경우에는 어떻게 대처해야 할 것인가를 생각해 두는 것도 필요하다.

Key Point

1. 학생과 직장인의 차이는 권리와 의무의 관계가 뒤바뀌는 것이다.
2. 직장인(사회인)이 되면 여러 가지 측면에 기본상식이 요구된다. 이때 기본상식이란 보통사람이 알고 있는 지식과 사고방식이다.
3. 인생의 목표를 설정함으로써 살아갈 보람을 느끼게 된다는 것이다.
4. 각종 규칙을 잘 지킴과 동시에 직장의 규칙을 존중하는 것이 인간관계를 원활하게 해준다.
5. 프로란 누구에게도 뒤지지 않는 전문가를 말한다. 그리고 놀고 있더라도 5% 정도는 머릿속으로 일에 관해 생각을 하는 사람이다.
6. 프로 서비스요원은 고객의 동향에 맞추어 기지나 재치를 발휘하는 것이 중요하다. 이 같은 것을 발휘하려면 수많은 경험의 축적이 있어야 한다.

3 이럴 때는 어떻게 하는가?

1 접객 중에 다른 고객이 부를 때

점포 안이 붐비게 되면, 접객 중에 다른 고객으로부터 "이봐요!" 하고 말을 걸어오는 수가 있다. 이러한 경우에 어떻게 하면 좋을까.

이 경우의 올바른 응대방법은 말을 걸어오는 고객에게 "네, 어서 오세요." 밝게 인사하고는 "조금만 기다려 주세요." 하고 기다려 주도록 부탁한다. 그러고 나서 틈이 나는 동료에게 "○○○ 씨, 저쪽 분을 부탁합니다." 하며 접객을 의뢰한다. 이 때 주의해야 할 점이 두 가지가 있다.

첫째, 동료에게 접객 의뢰를 하면 반드시 응대중인 고객에게 "실례했습니다." 사과하고 나서 다시 이야기를 시작할 일이다. 그건 다른 고객이 불러서라고는 하지만, 응대중인 고객과의 대화를 중단해버린 것이므로 사과하는 건 당연한 예의이기 때문이다.

둘째, 동료에게 접객을 의뢰할 때 옆에서 고객이 듣고 있으므로 보통 때의 대화보다 좀더 정중한 말씨를 쓸 일이다. 또 동료를 부를 때 "김씨" 라든가 "꼬마야" 같은 별명을 쓰지 않아야 한다. 바른 성명을 부르도록 한다.

그런데 만일 틈이 나는 동료가 없을 때는 어떻게 하면 될까. 이럴 경우에는 "좀 기다려 주십시오." 하며 기다리게 하고, 응대중인 고객의 쇼핑이 끝나자마자 "오래 기다리시게 해서 죄송합니다."라고 사과하고 접객을 시작한다.

때때로 볼 수 있는 잘못된 방법은 다른 고객이 말을 걸면, 응대중인 고객을 그냥 두고, 혹은 응대중인 고객에게 "좀 기다려 주세요." 하고는 부르는 고객 쪽으로 가버리는 것이다. 이래서는 접객의 순번이 흐트러지고 앞에서 말한 '서비스의 평등화' 원칙에 반하므로 올바른 접객이라고 할 수 없다. 어디까지나 응대중인 고객을 우선으로 하고 나중의 고객에게는 기다리게 하는 것이다. 다만 뒤에 온 고객의 응대 내용이 간단한 것이라면 약간 거들어주어도 무방할 것이다. 예컨대, 상품을 케이스 속에서 꺼낸다거나, 고객이 원하는 규격이 있나 없나를 대답한다거나 하는 간단하고 시간이 걸리지 않는 것이라면 말이다. 이런 경우라도 응대중인 고객에게 되돌아갔을 때 "실례했습니다." 하고 사과하는 것을 잊지 않도록 해야 한다.

그러나 뒤에 온 고객의 응대 내용이 간단하지 않을 경우, 혹은 간단한지 어떤지 알 수 없을 경우도 있으므로, 원칙적으로는 어디까지나 응대중인 고객의 쇼핑이 끝날 때까지 그 고객은 기다리게 하는 것이 옳다.

고객에게 기다리게 했을 경우라도 오래 기다리게 할 듯한 때는 가끔 말을 걸거나 하여 배려하고 있음을 알려두는 것이 잘하는 방법이다.

2 고객이 희망하는 물품이 없을 때

품절되었거나 처음부터 취급하지 않아 고객이 원하는 상품이 없을 때는 어떻게 하면 좋을까. 그저 "없습니다." 해서는 좋지 않다. 고객이 원하는 상품이 품절되어 재고가 없을 때는 다음 순으로 응대한다.

1) 대체품 권고

대체품이란 고객이 찾는 상품과 가장 유사한 상품이다. 이 경우는 고객이 요구하는 물품과 어떻게 다른가를 확실히 설명해둘 필요가 있다. 예를 들면, "메이커가 달라서 디자인은 다르지만 내용은 같습니다."라든가, "소재가 좀 달라 가격도 조금 비싸지만 사용하기는 같습니다."라고 하듯이 차이점을 명확하게 해둔다. 이 차이를 잘 설명해 두지 않으면 나중에 안 되겠다며 반품하는 수도 있으니 주의해야 한다.

2) 그 상품의 입고일시 통보

"대체품이 아니라 늘 쓰던 것을 달라."는 고객에게는 그 상품의 입고일시를 조사해서 알리고 다시 방문해 주도록 부탁한다. 입고일시를 말하고 나서 입고 되는대로 보내주어 약속이 지켜지면 더욱 좋을 것은 말할 나위도 없다. 그렇지만 고객이 지금 당장 필요하다고 말하는 수가 있다. 이런 경우 다른 점포를 소개해준다.

3) 다른 점포를 소개

이 방법은 다른 점포에 고객을 빼앗기게 되므로 자기 점포에게는 불리하다고 생각하는 종업원이 있지만 이는 전혀 착각이다. 고객은 그 물품이 꼭 필요하면 종업원이 가르쳐 주지 않아도 스스로 찾아다닌다는 점을 인식해야 한다. 그렇다면 처음부터 팔고 있는 점포를 가르쳐 주는 편이 오히려 친절하다는 것이다.

이럴 경우 가능하면 상대방 점포에 전화로 그 상품이 확실히 있는지 없는지를 확인하고 고객의 이름을 물어 알려주면 양쪽이 다 좋아할 것이다. 또 품절일 경우에는 향후 품절이 되지 않도록 재고에 충분히 주의하는 일이 중요하다. 모처럼 사러 온 고객에게 불편을 끼치는 건 결코 좋을 리가 없을 뿐더러 점포로서도 판매할 찬스를 놓치게 되기 때문이다.

3 외국인 고객을 대할 때

우리나라도 국제화가 되어 어디서나 외국인을 흔하게 볼 수 있게 되었다. 이제는 외국인에 대한 콤플렉스와 편견(偏見)이 조금씩 사라지는 듯이 보인다.

당신 점포에 외국인 고객이 쇼핑하러 오면 어떻게 응대하겠는가. 익숙하지 않으면 설사 영어를 할 줄 알아도 당황해진다. 더구나 영어가 서툰 사람은 화장실이라도 뛰어가 어려움을 피하고 싶어지는 것도 무리가 아니다.

우선 외국인 고객이 보이면 우리말로 "어서오세요." 하고 인사를 한다. 외국인 중에는 우리말을 잘 할 줄 아는 사람도 있다. 그럴 때는 알기 쉬운 우리말로 응대하는 게 예의이다. 우리말을 모르는 외국인이라도 바르게 인사하면 자기가 환영 받고 있는 것쯤은 느끼고 이해할 수 있는 것이다.

외국인 고객의 응대에서 가장 좋지 않은 것은 외국인을 무서워하거나 무언으로 응대하는 일이다. 무언으로 손짓만으로 끝내는 팬터마임 종업원을 보는 경우가 있지만, 이는 매우 실례되는 방법이다.

여기는 한국이다. 당신이 한국어로 말해도 외국인은 조금도 이상스럽게 생각하지 않는다. 가슴을 펴고 당당하게 한국어로 말하되 모르는 부분은 제스처를 섞으면 될 것이다.

외국인 고객도 과장된 제스처를 섞어서 자국어를 말하므로 서로가 어떻게든 의사는 통하게 된다. 사실은 당신 영업장에 나타난 외국인 고객은 당신과 어려운 국제정세에 대해 토론을 하자거나 심각한 인생론에 관해 의견을 교환하려고 온 것이 아니다. "이런 상품은 없는가", "이것 3개 주시오."와 같은 쇼핑에 관한 요망과 질문을 갖고 온 것이다. 그러므로 상품을 보이면서 손짓으로 말하면 어떻게든 통하는 것이다.

그래도 통하지 않을 때를 위해 영한(英韓)사전과 한영(韓英)사전 2권쯤은 준비해 두면 좋다. 이야기가 잘 통하지 않을 때는 한영사전을 찾아서 필요한 영어를 외국인에게 보이고, 외국인에게는 영한사전을 주고 필요한 한국어를 짚도록 부탁하면 대개의 용건은 다 해결할 수 있다.

4 고객이 상품을 파손하였을 때

어느 백화점의 글라스 매장에서 우연히 발생한 사건이다. 진열되어 있는 글라스를 손에 쥐고 보고 있던 60세 정도의 신사 고객이 실수로 글라스를 떨어뜨려서 깨지고 말았다.

"쨍그랑!" 하는 소리에 놀라 달려온 매장의 지배인이 "정말 죄송합니다." 하며 사과하는 신사 고객에게 "다치지는 않았습니까?" 하고 물었다. 그 신사는 "다치진 않았지만 내 부주의로 소중한 상품을 깨뜨려서 미안합니다. 변상하겠습니다."라고 말했다.

지배인은 "아니예요. 다치지 않았으면 다행입니다. 저희가 진열하는 방법에도 문제가 있는 것으로 생각됩니다. 조금도 염려 마세요." 하고는 직원에게 즉시 유리조각을 치우게 했다.

몇 번이나 변상하겠다고 하는 신사 고객에게 지배인은 상냥하게 "뜻은 잘 알겠습니다만, 그럴 필요는 없습니다." 하고 정중하게 거절하였다. 이처럼 고객의 실수인데도 점포가 손해를 보아도 되는 것일까. 점포가 손해를 부담한다 해도 그다지 큰 금액은 아니다. 고객의 부주의라 하더라도 고객에게 변상할만한 일은 아니라고 생각된다.

사실 이 경우 고객이 여러 번 변상하겠다고 했지만 지배인이 전혀 들어주지 않았다. 그러자 신사는 "그렇다면 변상하는 대신에 이 컵과 이 그릇을 각각 한 세트씩 사겠습니다."라며 예정한 가격 이상으로 구입하고 자택으로 배달해주도록 의뢰했다.

이것이야말로 "큰 이익을 위해 일시적 손해를 각오하라."는 속담처럼, 점포에서 손해를 부담함으로 해서 훌륭하게 판매로 연결시킨 것이다.

고객의 실수는 이러한 방법으로 처리를 해야 한다. 그러나 점포에 따라서는 고객이 상품을 파손했을 경우 위압적으로 나와 변상을 요구하는 곳이 있는데, 이는 매우 서투른 방법이라고 생각한다. 그 자리에서 고객한테 변상을 받으면 점포 측은 손해를 보지는 않지만 고객의 마음에는 몹시 불쾌한 기분이 남아 두 번 다시 그 영업점에는 가고 싶지 않게 될 것이다.

유리컵을 깨뜨렸다든가 가구나 진열대를 넘어뜨렸을 때는 첫째로 고객에게 다치지는 않았는지 여부를 먼저 묻는다. 만일 다쳤을 경우에는 즉시 그 처치를 해야 한다.

둘째로, 유리의 조각을 치운다거나 진열대를 원상태로 세우거나 해서 다른 고객에게 폐가 되지 않도록 응급처리를 한다. 그런 다음에 필요가 있으면 고객과 이야기를 한다. 만일 파손이나 오손(汚損)된 상품의 금액이 클 때는 점포에서 전액 부담할 수 없을지도 모른다. 이런 경우는 고객과 상의해서 다음과 같은 방법으로 해결하도록 한다.

1) 원가 변상

일반적으로 상품이 팔린 상황이 아니므로 총이익까지 포함해서 변상을 요구하는 건 좀 지나치다 할 수 있다. 그래서 원가로 변상을 받는다. 그래도 고객은 전액 지불하게 되는 것이어서 감정적인 떨떠름함은 남을 것이다.

2) 절반 부담

파손한 상품가격의 절반을 영업점이 부담하고, 나머지 절반은 고객에게 변상하게 하는 것이다. 이렇게 하면 고객도 어느 정도 감정적으로나 이론적으로 납득하게 될 것이다. 이 경우에는 원가가 아닌 판매가의 반액이기 때문에 점포 측의 부담은 얼마간 경감될 것이다.

3) 전액 점포 부담

앞에서 말한 백화점의 글라스 매장에서의 처리가 바로 이 방법인데, 장사하는데 있어서 이것도 가장 바람직한 방법이라 할 수 있다. 이것은 '손해가 이득'이라는 작전이 아닐까 싶다.

파손되어 어차피 판매할 수 없게 된 상품은 고객에게 변상받는 이상, 수리해서 어느 정도 사용할 수 있는 상태로 해서 주는 것이 중요하다. 그럴 때 수리비는 받지 않아야 한다.

Key Point

1. 접객 중에 다른 손님이 불렀을 때의 응대요령은 따로 있다.
2. 고객이 원하는 상품이 없을 때는 대체품을 권하거나 그 상품의 입고 일자를 알려주거나 다른 점포를 소개해 주어야 한다.
3. 외국인이라도 겁을 먹지 말고 차분하게 대하고, 외국어를 못하면 Body Language라도 해서 위기를 넘겨야 한다.
4. 고객이 상품을 파손하였더라도 침착하게 대하고, 필요시에는 원가로 변상을 받거나 절반을 부담시키거나 혹은 전액을 점포 측에서 부담하는 행태가 있을 수 있을 것이다.

MEMO

Customer Service Technic

CHAPTER 4

서비스 테크닉

❶ 구매고객의 심리파악
❷ 과학적 판매기술
❸ 효율적인 세일즈 화법

“항상 「the better」를 추구하라”

서비스에서는 'best'라는 말을 쓸 수 없다. 'the better' 캠페인을 지속적으로 벌여야 한다. 지금이 최고라면 남은 것은 떨어지는 것밖에 없기 때문이다. 'the more, the better' 캠페인을 'every day, every time, every where' 벌여야 한다. 'every place, the better' 캠페인이 지속적으로 일어나야 앞으로 발전할 수 있다.

매일경제신문 '매경춘추' 2000년 3월 27일

1 구매고객의 심리파악

고객에게 어떻게 대응하고, 어떻게 상품을 판매하면 좋을까를 연구하려면, 먼저 쇼핑을 할 때의 고객의 기분을 충분히 이해하여야 한다. 그러기 위해서는 자기가 타 점포에서 쇼핑했을 때의 일을 상기하고 연구하는 것도 중요하지만, 고객이 쇼핑할 때의 심리상태를 과학적으로 연구하는 일이 중요하다.

쇼핑을 할 때 고객의 기분이 바뀌는 상태를 8가지 스텝으로 분류한 것을 '구매심리 과정의 8단계'라고 한다.

① 주목　② 흥미　③ 연상
④ 욕망　⑤ 비교 검토　⑥ 신뢰
⑦ 행동　⑧ 만족

1 주목

여기서 말하는 주목이란, 고객이 점포 내의 상품을 힐끗 보는 일이다. 즉 통행중인 사람이 점두(店頭)의 쇼윈도에 진열되어 있는 상품을 바라보거나 또는 점내에 들어간 고객이 쇼케이스 속이나 스테이지 위에 진열되어 있는 상품을 무심히 본다.

2 흥미

상품을 흘낏 바라본 고객 중에는 그대로 지나쳐 버리는 사람도 있지만, 더러는 그 상품에 흥미를 느끼고 발길을 멈추어 좀 더 자세히 보려고 한다. 이 경우의 흥미란 "좋은 디자인이다."라든가 "값이 싸구나", "가벼운 것 같다."라고 하는 여러 가지가 있다.

3 연상(聯想)

상품을 손에 쥐거나 각도를 바꾸어 보는 동안에 더욱 흥미가 깊어질 뿐 아니라 그 상품을 사용하며 좋아하는 자신과 가족의 모습을 연상하기 시작한다. 예를 들면, 이번 파티에 이 드레스를 입고 가면 나는 일약 신데렐라가 되겠지 라든가, 이 핑크색 커튼으로 내 방을 장식하면 밝은 꿈이 있는 멋진 방이 될 게 틀림없다라고 하듯이 자기를 중심으로 한 즐거운 연상을 한다. 어머니가 먹음직한 케이크를 바라보고 있을 때는, 그 케이크를 좋아하며 먹고 있는 자식의 웃는 얼굴을 떠올리고 있는 것이다.

이 연상의 단계는 고객의 기분을 구매와 연결시키는데, 대단히 중요한 부분이다. 따라서 고객의 이 연상을 더욱 높이는 일이 판매에 성공하는 비결이기도 하다. 상품의 진열(showing)이나 디스플레이는 사실은 고객이 이 연상을 부풀게 하기 위한 하나의 수단이다.

4 욕망

연상이 부풀어지면 그 상품을 갖고 싶어질 것이다. 그렇다면 즉시 "이걸 주세요." 하며 사느냐면 고객의 심리는 그렇게 단순하지 않다. 하나의 상품에 대한 욕구가 높아지면 과연 그것이 나에게 최상의 것일까 하는 의문과 더 좋은 게 있지 않을까 하는 기대가 동시에 일어난다. 이 의문과 기대가 고객의 심경에 미묘한 영향을 끼쳐, 욕망이 강한데 비해서는 구매결단을 내리지 못하고 다음의 비교검토 단계로 옮겨간다는 것이다.

5 비교 검토

이 물품이 정말 내게 잘 맞을까, 저 방에 잘 어울릴까, 아이가 정말 좋아할까 하는 의심과, 좀 더 좋은 게 없을까 하는 기대로 고객은 그 주위의 상품을 둘러보게 된다. 이때 다른 점포에서 팔고 있던 것과 친구가 갖고 있는 것, 또는 자기가 일찍이 사용했던 것 등을 생각해서 비교하고 색, 무늬, 디자인, 사이즈, 소재, 사용방식, 가격, 내구성 등 여러 가지 각도에서 검토해 보는 것이다.

이 비교 검토의 단계는 고객이 물건 고르기에 망설이는 부분이기도 하므로 종업원이 능숙하게 어드바이스 하는 것이 바람직하다. 상품 진열을 '보기 좋고 아름답게'를 염두에 두고 하는 건 당연하지만, 동시에 고객이 비교하기 쉽고, 검토하기 쉽도록 진열하는 것도 잊어서는 안 되는 중요한 일이다.

6 신뢰

여러 가지로 비교 검토한 결과, 고객은 '이거면 괜찮다', '이거면 나에게 제일 잘 어울린다.' 하고 믿게 된다. 이것이 신뢰이다. 보통, 고객이 상품을 신뢰하는데 다음 3가지의 요인이 있다.

첫째, 종업원이다. 아까부터 열심히 설명하면서 권해주고 있는 이 종업원의 말이라면 틀림없을 것이라고 신뢰한다.

둘째, 점포의 신용과 메이커의 브랜드이다. 일반적으로 젊은 사람들은 브랜드 로열티(상품 충실성), 나이 지긋한 사람은 스토어 로열티(점포 충실성)의 경향이 많은 것 같다. 그래서 이 브랜드라면 괜찮다 라든가, 이 점포에서 파는 것이니까 틀림없다고 신뢰하는 것이다.

셋째, 상품 그 자체이다. 이 상품이라면 내가 바라는 바와 꼭 맞는다든가, 이 상품이라면 오래 쓸 수 있다고 신뢰한다. 이는 매우 뛰어난 선택안(選擇眼)이나 높은 센스를 갖고 있는 고객이든가 혹은 갖가지 상품을 사용한 경험이 풍부한 사람에게 많은 모양이다.

그렇지만 첫째도, 둘째도, 최종적으로는 이 셋째의 요인에 결부되게 된다.

7 행동

이 행동이란 구매결정을 하고 구매행동을 단행하는 일인데, 구체적으로는 종업원에게 "이것 주세요." 하며 대금을 주는 일이다.

이 구매행동은 구입 측으로 말하면 클로징(closing)이라는 중요한 시기에 해당한다. 이 클로징의 어려움은 타이밍을 어떻게 잘 포착하느냐에 있다. 이 타이밍을 놓치면 팔릴 것도 팔리지 않고 모처럼의 노력도 물거품이 되고 만다. 그런 만큼 종업원의 솜씨가 발휘될 장면이기도 하다.

8 만족

만족이란, 쇼핑을 한 뒤의 만족감과 매입한 것을 사용했을 때의 만족감 등 두 가지가 있는데, 여기서는 구매의 단계이므로 전자를 의미한다.

이 전자의 경우에도 두 가지의 만족감을 생각할 수 있다. 하나는 좋은 것을 샀다는 쇼핑에 대한 만족감과 또 하나는 친절하고 기분 좋은 응대와 귀중한 어드바이스를 해 준 종업원에 대한 감사의 뜻을 내포한 만족감이다. 고객이 이 두 가지의 만족감을 갖고 돌아갈 수 있도록 정성들여 서비스하면 고객은 반드시 또 찾아줄 것이며, 궁극적으로는 그 점포와 종업원의 팬이 되어줄 게 틀림없다.

고객맞이 10훈

① 웃는 얼굴로 대한다.
② 타고난 목소리야 어떠하든 간에 상냥하게 말한다.
③ 상대방이 서먹서먹한 기분이 들지 않게 한다.
④ 잘 모르는 내방객, 낯선 고객일수록 더 잘해준다.
⑤ 고객의 입장에서 판단하고 처신한다.
⑥ 사람 대하기를 회피하지 않는다.
⑦ 자상하게 설명한다.
⑧ 해 줄 경우에는 화끈하게 해준다.
⑨ 마음을 편하게 해준다.
⑩ 끝까지 참는다.

Key Point

1. 구매심리의 과정에서는 주목, 흥미, 연상, 욕망, 비교 검토, 신뢰, 행동, 만족의 8단계가 있다.
2. 이때 각 단계별의 내용을 숙지하고 순서를 익혀두어야 한다.
3. 구매 심리과정의 단계는 어디까지나 일반적인 구매 심리상태를 설명한 것이다. 상황에 따라 다를 수도 있다.
4. 우선 자기 자신이 진정한 고객으로서 구매를 하거나 식사를 할 때 수없이 고객의 입장을 연구하여 판매에 활용토록 해야 한다.

2 과학적 판매기술

1 과학적 판매기술이란?

고객에게 여러 가지 상품을 보여주고 설명하면서 비교 검토를 하게하고, 바로 이게 자기에게 제일 좋은 것이라는 신뢰가 생기도록 고객의 마음을 이끌려면, 그 상품의 '셀링 포인트'를 능숙하게 내세워 고객의 마음에 강력하게 어필해야 한다.

이렇게 하여 고객의 심리가 신뢰 단계로 옮겨졌다고 생각되면 즉시 클로징으로 넘겨 구매 행동을 단행하게 하는 것이 중요하며, 여기서 우물쭈물하면 팔 수 있는 것도 놓쳐버리고 만다.

고객이 "그러면 이걸 사겠소." 하고 대금을 내놓으면 그 금액을 구두로 확인하면서 금전을 수수하고, 손님이 산 물품을 포장하여 거스름돈과 영수증을 함께 준다. 그리고 고객이 진정으로 만족하며 돌아갈 수 있도록 끝까지 긴장을 풀지 않고 배웅을 한 후 판매를 마무리한다.

이러한 종업원의 일련의 응대 동작을 어떻게 해서 고객의 심리적 변이(變移)에 적합하게 연결시켜 구매로 이끌어 갈 것인가가 판매의 성패를 결정하는 중요한 포인트가 된다. 이 적절한 연결방법이 여기서 말하는 '과학적 판매기술'의 주체인 것이다.

2 대기

대기란 고객을 기다리는 일이라고 하는 말이 있지만, 이는 정확한 해석이라 할 수 없다. 대기는 "판매 준비를 하면서 고객에게 말을 걸 찬스를 기다리는 일"인 것이다. 즉 대기는 첫째, 판매의 준비를 하는 일이며, 둘째, 고객에게 말을 걸 찬스를 기다리는 일이다. 따라서 눈앞에 고객이 있어도 말을 걸 찬스가 올 때까지는 대기를 하지 않으면 안 된다.

흔히 대기할 때 한가해졌다거나 손님이 보지 않는다고 해서 잡담하고 있는 종업원을 볼 수 있는데, 이러면 어프로치(손님에게 접근하여 말을 거는 일)의 타이밍을 놓쳐버린다.

어프로치의 찬스는 뒤에 설명하듯이 눈 깜짝할 순간이다. 이 일순간을 노려 기다리는 것이 대기이고, 이 일순간을 판매로 연결시키는 것이 종업원의 수완인 것이다. 그러므로 잡담을 하거나 손님에게 등을 돌리고 있거나 해서는 종업원으로서의 임무를 다할 수 없다.

대기하는 시간은 취급 상품이 귀금속이나 고급 옷감처럼 고액이면 길고, 반대로 취급하는 상품이 일용품이나 식품처럼 저가품이면 짧은 게 보통이다. 대기시간이 길어지면 아무래도 자세가 흐트러지고 사담, 잡담도 많아진다.

종업원이 흔히 "바쁠 때가 낫다. 한가하면 시간 가는 게 더디

게 느껴져 오히려 피곤해진다."라는 말을 하는데, 이건 장시간 대기의 어려움을 말해준다고 할 수 있다. 그러나 "한가하면 오히려 피곤해진다." 하는 것은 실은 대기의 중요성과 그 진정한 의미를 잘 이해하지 못하기 때문이다.

어프로치의 찬스가 일순간이며, 그것을 정확하게 포착하고 판매에 연결시키는 게 종업원의 사명이다. 따라서 고객이 보이지 않을 때는 다음의 판매준비를 하면서 대기를 해야 한다.

대기를 하는데 필요한 포인트는 다음과 같다.

① 정위치를 정한다.
② 정위치를 지킨다.
③ 바른 자세로 고객을 기다린다.
④ 고객이 보이지 않을 때는 다음 판매의 준비를 한다.
⑤ 항상 고객을 의식한다.

1) 정위치를 정한다

정위치(定位置)란, 우선 자기가 담당하는 상품이 모두 보이는 장소로, 즉시 어프로치 할 수 있는 장소라는 점이 중요하다.

둘째로, 고객의 움직임이나 시선이 보이는 장소로서 상품과 고객의 유동성을 고려해서 정한다.

2) 정위치를 지킨다

정위치는 식사나 휴식시간 등을 포함해서 매장을 지키는 종업원의 수에 의해 변화한다. 인원수가 적으면, 한 사람의 수비범위가 넓어지는 건 당연하다. 이러한 정위치의 변경은 매장 책임자가 그때마다 지시하는 경우와 수비인원에 따라서 미리 정해 두는 경우가 있다.

수비의 방법은 정위치를 중심으로 조금씩 이동하면서 수비범위를 지킨다. 한가하다고 해서 멋대로 정위치를 이탈해서는 안 된다.

3) 바른 자세로 고객을 기다린다

대기의 바른 자세란, 양손을 앞으로 마주잡고 양 다리를 가볍게 벌린 채 등줄기를 펴서 서는 일이다. 고객의 입장에서 종업원의 불쾌한 태도라 해서 가장 많이 지적 받고 있는 대기의 모습은 통로 너머로 큰소리로 지껄이거나, 하품을 한다거나, 여럿이 모여 수다를 떨거나, 또는 고객에게 등을 돌린 채 껄껄 웃으면서 전화를 거는 일들이다.

결국 고객에 대해 전혀 무관심해 보이는 유형이지만, 그와 반대로 필요 이상으로 관심을 갖고 고객의 복장이나 소지품을 유심히 쳐다보거나 동료와 소곤소곤 이야기하는 것도 좋지 않다.

능숙한 대기방법은 똑바로 정면을 보면서 고객의 움직임을 조심스럽게 관찰하고 어프로치의 찬스를 기다리는 방식이다. 이 때 태도는 자연스럽게, 관찰은 세밀하게 하는 것이 대기의 요령이다.

4) 고객이 보이지 않을 때는 다음 판매준비를 한다

고객이 보이지 않을 때는 상품의 점검, 정리, 보충을 하여 다음 판매에 대비한다. 개점 전에 말끔히 진열해 놓았던 상품도 팔리는 동안에 이가 빠진 상태가 되고, 진열도 흐트러지게 되는 것은 불가피한 일이다.

그래서 대기할 때 상품정리나 보충을 해둔다. 하나하나의 상품을 점검하고 불량품을 찾아내는 것도 중요한 일이다. 또 그날에 따라 상품의 팔리는 상태가 달라지기 때문에 팔림새가 둔한 상품을 눈에 뜨이는 곳에 늘어놓거나, 반대로 팔림새가 좋은 상품을 더욱 눈에 잘 뜨이는 곳에 늘어놓는다고 하는 진열의 수정도 필요하다.

5) 항상 고객을 의식한다

우선 종업원이 매장에 섰다면 이는 무대에 선 배우와 같아서 많은 고객으로부터 주목을 받고 있는 것이므로 항상 고객의 시선을 의식하고 행동해야 한다는 뜻이다.

고객이 보이지 않는 순간 마음이 해이해지고 하품을 억지로 참는 순간, "이봐요 잠깐" 하며 의외의 쪽에서 말소리가 들려와서 진땀을 뺐다는 이야기를 듣는다. 늘 무대 배우라는 심정으로 언제 어떤 방향에서 바라보아도 괜찮을 수 있도록 고객을 의식하는 일이 중요하다.

둘째로, "종업원의 첫째의 사명은 접객이며 판매다."라는 뜻이다. 상품정리나 진열의 수정을 하고 있을 때도 고객을 항상 의식해서 고객이 보이면 즉시 일을 중지하고 바로 대기의 자세를 취해야 한다.

3 자연스러운 어프로치

어프로치(approach)란, 고객에게 말을 걸며 접근하는 일이지만, 언제 말을 걸면 좋을까 하는 타이밍 포착이 매우 어려운 것이다. 너무 빠르면 고객은 아직 살 마음이 되어 있지 않았기 때문에 '강매 당하는 게 아닐까'라고 경계하면서 달아나버리고, 너무 늦으면 살 마음이 없어져서 돌아가 버린다.

이런 점에서 외국인들은 편하다. 아무리 빨리 어프로치해도 결코 달아나지 않는다. "May I help you?"라고 말을 걸면 "No thank you. I'm just looking." 하고 대답하므로 곧 물러서면 되는 것이다.

살 마음이 있으면 손님 쪽에서 말을 걸어온다. 하지만 우리의 경우는 대개 말을 거는 타이밍이 어긋나면 판매에 이어지지 않는다. 이 타이밍은 꼭 낚싯대를 올리는 타이밍과 흡사하다.

수면에 머리를 내놓고 있는 낚시찌가 작게 쫑긋쫑긋 움직일 때는 물고기가 미끼를 쪼며 시험하는 때이므로 그대로 놓아두고 뒤따라 찌가 물 속 깊이 빨려 들어가면 낚싯줄이 느슨해지지 않도록 낚싯대를 맞추었다가 끌어올리면 물고기는 단단히 미끼를 물고 있기 때문에 쉽게 낚아올릴 수가 있다. 이와 같이 판매도 어프로치의 타이밍만 잘 포착하면 그 뒤는 아주 원활하게 진행된다.

일반적으로 말해서 백화점 종업원의 어프로치는 늦고, 전문점의 종업원은 너무 빠른 듯이 느껴진다. 그렇다면 언제 말을 걸면 될까. 어프로치의 시기는 고객의 심리가 '흥미'에서 '연상(聯想)'에 이르는 사이가 가장 알맞다는 사실을 알 수 있을 것이다. 그렇다면 흥미에서 연상에 이르는 사이란 어떤 때일까.

어프로치의 찬스

① 고객이 한 상품을 유심히 보고 있을 때
② 고객이 상품에 손을 댔을 때
③ 고객이 얼굴을 들 때
④ 고객이 발길을 멈추었을 때
⑤ 고객이 무언가를 찾고 있을 때
⑥ 고객과 눈이 마주쳤을 때

4 고객의 욕망을 자극하는 상품 제시

고객에게 타이밍 좋게 어프로치하면 이어서 상품을 보여 주는 단계가 된다. 이 상품 제시는 그저 단순히 상품을 고객에게 보기 쉽게 보이면 된다고 하는 단순한 일이 아니다.

고객이 그 상품에 매력을 느끼고 갖고 싶어지도록 보이지 않으면 의미가 없다. 그래서 상품 제시가 구매심리 과정의 연상과 욕망 사이에 기록되어 있는 이유에 대해 생각해 두어야 한다. 왜냐하면 이 일이 상품제시의 목적을 명확하게 보여 주기 때문이다. 즉 상품제시란, 고객의 연상을 높이고 욕망을 자극하는 상품 보여주기 방법을 써야 하는 것이다.

① 사용하는 상태로 해서 보여준다.
② 될 수 있는 대로 고객의 손에 만져지게 한다.
③ 상품을 가치 있게 보여준다.

④ 화사한 곳에서부터 수수한 것으로 보여준다.
⑤ 낮은 가격에서 높은 가격을 보여준다.
⑥ 처음에는 폭을 넓혔다가 도중에서부터 깊이를 보여준다.

1) 사용하는 상태로 해서 보인다

일례로 넥타이라면, 둘로 접어 매듭을 만들어서 고객의 가슴에 대고, 블라우스라면 펴서 부인 고객의 가슴께에 대면서 거울에 비춰준다. 조립 완구는 조립해서 실제로 움직이게 해 보이면 좋고, 양복은 입어보게 해주면 구매로 이어질 가능성이 높아진다. 가능하면 실제로 사용하게 하는 편이 고객의 연상이 커지고 구매욕망이 자극된다는 것이다.

2) 될 수 있는 대로 고객의 손에 만져지게 한다

인간은 다음 5가지의 감각으로 물건을 지각한다고 알려져 있다.

① 시각(視覺) : 눈으로 보다.
② 청각(聽覺) : 귀로 듣다.
③ 미각(味覺) : 혀로 맛보다.
④ 후각(嗅覺) : 코로 냄새를 맡다.
⑤ 촉각(觸覺) : 손으로 만지다.

이 중 음식물에 관해서는 후각, 미각이 대단히 중요한 역할을 다한다. 통로로 흘러나오는 뱀장어 굽는 냄새로 그만 무심코 점포에 들어가 버리거나, 백화점의 식품매장에서의 시식(試食)이나 시음(試飮)에 끌려 상품을 사버렸다는 예는 적지 않다.

청각은 악기, 스테레오, 레코드의 판매에 매우 중요하며, 후각은 식품 이외에는 화장품 등의 판매에 도움이 된다.

일반적인 상품의 판매에는 시각과 촉각이 매우 중요한 역할을 한다. 특히 촉각이 물건을 확인하는데 효과적임과 동시에 욕망을 자극하는데 큰 힘을 발휘한다.

고객에게 손을 대도록 하는 구체적 방법은 고객이 보고 싶어 하는 상품을 꺼내어 "한 번 보시죠" 하며 건네는 것이지만, 되도록 건네기 전에 종업원이 그 상품을 사용해 보이거나 사용하는 시늉을 하면 고객은 끌리어 함께 만지게 될 것이다.

3) 상품을 가치 있게 보여준다

일례로 몇 백만 원짜리 다이아몬드를 보여주는데, 그저 케이스 위에 굴리면서 보여주면 단돈 백 원짜리 유리구슬 정도로밖에 느끼지 않을 것이다.

케이스 위에 좋은 천을 깔고, 그 위에 정성스레 한 알의 다이아몬드를 놓아두고 디자인이 멋진 펜 라이트로 반짝반짝 비추어 보이면서 설명해야만 상품가치도 두 배가 된다는 뜻이다.

부인의 드레스 같은 것은 왼손으로 어깨 부분을, 오른손으로 허리 부분을 쥐고 조금 껴안듯이 해 보이면 그 상품이 몹시 부드럽고 아름답게 보인다. 이는 하나의 연출이므로 어떤 식으로 보이면 상품이 매력적으로 보일까 매장에서 시연을 해야 한다.

4) 화사한 곳에서부터 수수한 것으로 보여 준다

일례로 의류와 같이 연령에 따라 디자인이 다른 상품은 고객의 실제 나이보다 좀 화사한 것부터 보이고 나서 수수한 것을 보여 준다. 가끔 고객은 "이건 나한테는 너무 야하잖아."라고 하면서도 자기가 젊게 보이는 듯해서 결코 나쁜 기분이 들지 않는 것이다.

5) 낮은 가격에서부터 높은 가격 순으로 보인다

고객의 구입 예산을 알 수 없을 때는 "어느 정도의 것을 찾으시는지…"라든가 "예산은 얼마나…" 하고 묻고 싶어지지만, 저가의 상품이나 선물용품 이외는 그리 묻지 않는 편이 좋다. 고액의 상품에 있어서는 예산의 폭이 커서 고객은 본심을 별로 드러내지 않기 때문이다. 이러한 경우에는 상품을 낮은 가격에서부터 높은 가격 쪽으로 보여주는 것이 원칙이다.

이렇게 하면, 낮은 가격의 상품을 사려 하는 고객한테는 편해질 것이고, 높은 가격의 상품을 사려 하는 고객은 "더 좋은 건 없어요." 하며 당당하게 말할 수 있기 때문이다.

반대로, 높은 가격에서 낮은 가격으로 낮추어서 보이면 비싼 상품을 사는 사람은 좋을 테지만, 낮은 가격의 상품을 사는 사람은 프라이드를 상하게 할 염려가 있다. 왜냐하면 "좀 더 싼 건 없나요?"를 몇 번이나 해야 하기 때문이다.

예컨대, 10만원, 20만원, 30만원이라는 식으로 건너 뛰어보면서 예산을 탐색하다가, 대충 검토가 끝나면 그 가격에서부터 위로 향해 보여주는 것이다.

6) 처음에는 폭을 넓혔다가 도중에서부터 깊이를 보여 준다

처음에는 여러 종류의 상품을 폭넓게 보여 주지만, 어느 정도 고객의 요구사항을 알게 되었으면, 상품의 종류를 좁혀서 색상 차이, 무늬 차이, 가격 차이, 사이즈 차이라는 식으로 깊이 있게 보여주도록 한다. 이러한 편이 고객의 망설임을 방지하고 고객의 취향을 알아내기 쉽기 때문이다.

5 고객의 니즈 탐색

니즈(needs)란 고객의 그 상품에 대한 욕망의 강함과 그 내용인데, 그것을 파악함으로써 상품을 권할 수가 있는 것이다. 예로 니즈의 높고 낮음에 따라서 고객에게 권하는 상품이 다르고 권하는 방법이 달라지는 것이다.

또 하나의 니즈의 내용, 즉 소재(所在)란 고객의 그 상품을 구하는 진정한 이유이다. 이는 뒤에 말할 상품 설명이나 셀링 포인트와 깊은 연관을 갖고 있다. 따라서 고객의 상품에 대한 니즈의 고저(高低)와 소재를 알아내어 그에 맞는 상품을, 그에 걸맞은 방법으로 권하는 일이 중요하다.

그렇다면 어떻게 고객 니즈의 고저와 소재를 알아낼 수가 있을까. 그것은 상품 제시와 물어보기를 번갈아가며 명확히 내세울 일이다.

니즈 탐색 기본

① 일방적으로 질문만 하지 않는다.
② 상품 제시와 물어보기를 번갈아 한다.
③ 상품을 구실삼아 묻는다.
④ 지금까지의 경험이나 육감만으로 생각하지 않는다.

1) 일방적으로 질문만 하지 않는다

때때로 감기가 들어 약국에 약을 사러 가면, 흰 가운을 걸친 약사가 양손을 뒤로 맞잡고 이렇게 질문을 한다. "감기입니까. 그거 안 되었군요. 그런데 열은? 두통은? 기침은? 담은? 식욕은?…" 하면서 한바탕 물은 후에 천천히 감기약 하나를 꺼내어 케이스 위에 두며 "이거면 잘 들을 것입니다." 하고 엄숙하게 말한다.

이래서는 고객으로서는 선택의 여지가 전혀 없을 뿐더러 또한 그 약을 살 생각이 나지 않는다.

2) 상품 제시와 물어보기를 번갈아 한다

구매심리 과정의 연상에서 욕망 사이에 종업원의 응대동작이 상품 제시와 물어보기가 나란히 기입되어 있는 점에 중요한 의미가 있는 것이다. 즉 상품 제시와 물어보기가 번갈아 잘 행해져서 비로소 고객의 본심을 파악할 수 있는 것이다.

"어떤 게 좋겠습니까?" 하고 묻기 전에, 한 상품을 제시하면서 "대형 쪽은 어떨까요?" 하고 물어서 작은 쪽을 좋아함을 알게 되면, 소형 상품을 보이면서 "둥근 것 아니면 각이 진 것…" 하며 디자인에 관해 묻는다.

그래서 "둥근 편이 좋다"는 응답이 있으면 둥근 형을 꺼내고, 다음에 색깔에 대해 묻는다는 식으로, 상품 제시와 물어보기를 번갈아 되풀이하면서 고객의 진정한 니즈를 파악하는 것이다.

3) 상품을 구실삼아 묻는다

묻는 방법에 특별히 정해진 형식이 있는 건 아니지만 무난한 질문에서 시작하여 조금씩 좁혀서 특정한 질문으로 들어간다. 가령, "어느 정도의 사이즈가 좋을까요?" 라든가. "이쪽이 어떨까요?"와 같은 비교적 무난한 질문에서 시작하여 차츰 핵심에 이르는 질문으로 옮겨간다.

질문하는 방법도, 고객의 일을 직접 묻기보다도 상품을 구실삼아 고객의 생각이나 감상을 묻게 되면 훨씬 더 묻기가 쉬워지며 또 고객도 대답하기 쉬워질 것이다. 그리고 질문하면서 고객의 반응을 넌지시 관찰하는 것이다.

4) 지금까지의 경험이나 육감만으로 생각하지 않는다

베테랑 종업원이 되면 처음에 고객이 상품에 주목했을 때의 시선이나 어프로치 할 때의 응답으로 고객의 니즈를 어느 정도까지 정확하게 캐치할 수 있는 것이다. 오랫동안 가꾼 경험과 육감은 귀중한 것이다. 그러나 변화가 심한 현대에 와서는 이 경험만으로 고객의 심정을 헤아릴 수 있다고 생각하는 건 다소 위험할 수도 있다.

6 상품 지식

상품 설명은 상품 지식이 토대가 되고 있는 건 말할 나위도 없다. 그래서 상품 지식은 상품의 명칭, 종류, 소재, 특징, 원산지, 제조 공정, 메이커, 브랜드, 스타일, 색, 사이즈, 유행, 가격, 사용 방법, 보존법 등의 상품에 관한 모든 지식이며 종업원이 반드시 익혀 놓아야 하는 것이다.

신제품이나 신소재의 상품이 잇따라 등장하면서 그의 흐름을 따라잡지 못하거나 고객의 상품에 관한 상당한 지식이 있어, 그 결과 상대적으로 종업원의 지식이 저하되어지는 것이다.

또 상품지식의 포인트도 변화되었다. 이전에는 원산지, 소재, 제조공정 등이 상품 지식의 중심이었다. 오늘날에 와서도 생활용품이나 식품의 일부에서 볼 수 있지만, 산지명(産地名)이 그 상품의 품질을 보증하며 그 가치를 결정짓는 커다란 요소가 되어 왔다. 본고장의 것은 소재며 품질, 디자인이 뛰어나므로 본고장이 아닌 것과는 명확히 구별되고 그만큼 가격도 비싼 게 보통이었다.

그러나 오늘날에 와서는 기술혁신이 현저히 증진된 결과, 재료며 제조방법이 평준화되어 산지나 소재는 반드시 옛날만큼 중요한 의미를 갖지 않게 된 경우가 많아졌다. 그 대신 사용방법이나 보존법, 세탁이나 수리하는 방법 등이 상품지식의 중심이 되어 그 설명의 일부에 소재가 나타나는데 불과하다.

상품지식의 입수법

① 업장에서 선배로부터 배운다.
② 전문가, 전문서로 배운다.
③ 공장견학이나 전시회에서 배운다.
④ 메이커나 도매상의 세일즈맨으로부터 배운다.
⑤ 매스컴에서 배운다.
⑥ 본인이 사용해서 배운다.
⑦ 고객으로부터 배운다.

1) 업장에서 선배로부터 배운다

실제로 업장에서 상품 하나하나에 대해서 선배로부터 설명을 듣는 것은 지극히 구체적이라 잘 이해할 수 있으며 즉효적이다.

2) 전문가, 전문서로 배운다

전문가의 이야기를 잘 듣는다든지 전문서적을 읽거나 해서 체계 없는 지식을 자기 나름으로 집대성시키고 동시에 전문적으로 파고든 지식을 공부하는 것이다.

신제품과 신소재의 상품이 많아지고 있으므로, 그에 관한 지식을 전문가나 전문서적으로부터 새로이 얻는 일을 게을리해서는 안 될 중요한 공부의 하나라고 할 수 있다.

3) 공장견학이나 전시회에서 배운다

공장을 견학하여 제조공정을 살피는 것은 상품의 내부 구조와 성능을 아는데 대단히 좋은 공부가 될 것이다. 상품지식 중에 차지하는 제조공정의 비중은 옛날에 비해 저하되고 있다고는 하지만, 상당히 좋은 공부가 되는 것이다. 또 메이커나 도매상이 시행하는 전시회를 보는 일은 상품의 유행과 트렌드를 예측하는데 도움이 된다.

4) 메이커나 도매상의 세일즈맨으로부터 배운다

상품지식을 거래처의 메이커나 도매상의 세일즈맨으로부터 배우는 것은 매우 효과적이다. 특히 신제품에 대해서는 상대방도 팔고 싶기 때문에 기꺼이 잘 설명해 준다. 또 메이커가 만들고 있는 상품 설명 팸플릿은 항상 모아 둘 필요가 있다.

5) 매스컴에서 배운다

신문이나 주간지 등의 쇼핑 가이드란이나 신제품 소개란, 그리고 생활정보 같은 기사는 종업원이라면 읽고 연구해 둘 필요가 있다. 무심코 있다가 고객이 먼저 읽고 질문했을 때 종업원이 그걸 모른다고 하게 되면, 상품지식이 없는 종업원이라는 비난을 받게 될지 모른다.

6) 본인이 사용해서 배운다

새로운 상품지식을 입수하는 방법으로 이것이 가장 중요하고도 확실한 방법이다. 고객의 입장에서 종업원은 생각해 보아야 한다. 자기 자신이 사용해 본 적이 없는 상품을 고객에게 어떻게 자신 있게 권할 수가 있을까.

현재의 상품지식이란 상품 설명이 사용방법에 상당한 비중을 두고 있는 이상, 스스로 사용해 보는 일은 필수적인 조건이라 할 수 있다.

7) 고객으로부터 배운다

고객으로부터 사용 방식에 관한 정보를 입수하는 일은 다음번의 판매에 있어 지극히 유용할 뿐만 아니라, 이를 도매상이나 메이커에게 전달함으로 해서 이른바 마케팅 활동이 가능해진다.

마케팅이란, 만든 물품을 파는 일이 아니라 소비자가 바라는 물품을 만들어서 파는 일이다. 그러기 위해서는 소비자가 어떤 것을 요구하고 있는지를 알아야 한다. 이를 위해 종업원은 고객과 낯이 익어서 고객으로부터 그의 요망을 능숙하게 알아내어 메이커에게 피드백 하는 역할을 맡고 있음을 잊어서는 안 된다.

7 권유

상품 제시와 물어보기로 고객의 니즈를 확실히 파악하면 그에 의거하여 상품을 설명하고 이거다 싶은 상품을 권하게 된다. 과학적 판매기술에서는 상품 제시, 물어보기, 상품 설명, 권유의 4단계는 명확하게 구분되어 있지만, 실제로는 이 4가지가 여러 가지 형태로 서로 교차하며 순서가 바뀌는 경우가 적지 않다. 왜냐하면 물어보기, 상품 설명, 권유는 모두가 상품을 보여주면서 하는 것이며, 또 고객에게 물어보는 동안에 "이쪽 것은 어떻겠습니까?"하고 권하게 되기 때문이다.

① 신념을 갖고 권한다.
② 고객의 니즈에 맞추어 권한다.
③ 상품의 특징을 잘 보여준다.
④ 상품에게 말을 시킨다.

1) 신념을 갖고 권한다

일례로 "이게 잘 어울립니다." 하고 권하는 이상, 판매하는 쪽도 이 손님에게 정말 잘 어울린다고 하는 확신이 없어서는 안 된다. 무엇이든 무방하니까 적당한 것을 어울린다며 권하기만 하면 팔린다고 생각하는 종업원이 있으면 큰일이거니와 이런 생각으로 판매하다가는 최후에는 고객의 신뢰를 잃게 된다.

2) 고객의 니즈에 맞추어 권한다

상품 제시와 물어보기의 능란한 가려쓰기로 파악한 고객의 그 니즈에 맞추어 상품을 골라내어 그 니즈의 강약과 소재(所在)에 맞추어 권하는 일은 잊어서는 안 되는 권유방법의 기본이다.

3) 상품의 특징을 잘 보여 준다

각각의 상품에는 다른 것에는 없는 특징이 있기 마련이다. 고객에게 그 특징을 잘 보이며 설명하는 것이 그대로 그 상품을 권하는 일로 연결된다. 또 상품의 보는 방법을 이야기해서 권하는 방법도 있다.

4) 상품에게 말을 시킨다

종업원이 상품의 좋은 점을 구두로 설명하는 것도 중요하지만, 때로는 상품에게 자기의 우량함을 말하게 하는 것도 필요하다. 상품에게 말을 시킨다는 건 설명하고 있던 종업원이 중요한 부분에서 말을 그치고 상품을 고객 앞에 내놓고 움직이게 해 보이는 것을 뜻한다.

이렇게 하여 고객이 상품의 말에 귀를 기울이고 있는 사이 종업원은 잠자코 고객의 반응을 관찰하고, 고객이 상품의 말에 어디까지 마음이 움직여졌는지를 헤아리면서 다음 대책을 생각하는 것이다.

때로는 다른 상품과 비교해서 그 우량함을 명확하게 설명하는 방법도 있다. 다만, 그 상품의 우량함을 강조하는 나머지 다른 상품을 혹평하는 건 좋지 않다. 그런 좋지 않은 상품을 어째서 팔고 있는가 하며 고객은 의문을 갖기 때문이다.

8 셀링 포인트

셀링 포인트(Selling Point)는 판매기점(販賣基点)이라 번역되지만 이래가지고는 오히려 더 알기 어려울 것으로 생각한다.

셀링 포인트를 정의하면 다음과 같이 된다. "셀링 포인트란 상품의 특징이나 효용 중에서 고객의 구매결정에 가장 영향을 미친 점을 짧고 효과적인 말로 표현한 것이다." 가령 어느 블라우스의 특징이 '멋지다, 입기 쉽다, 세탁이 간단하다'라는 이 3가지라고 치자, 그래서 종업원이 "어느 것이나 다 괜찮은 듯하지만 이것이 가장 디자인이 멋져요." 하고 말하면 고객이 "그래요? 이게 제일 멋진 것 같군요, 그럼 이걸 주세요." 하며 매물이 결정된다. 그렇게 되면 '멋지다'라는 말이 구매결정에 가장 영향을 많이 미쳤기 때문에 이것이 바로 그 상품의 셀링 포인트라는 것이다.

셀링 포인트는 상품의 특징뿐만 아니라 상품의 효용 중에서도 만들어 낼 수 있다. 효용이란 그것을 사용해서 얻어지는 플러스 면이다. 가령 약은 그것을 먹으면 두통이 멎는다고 하는 효용을 갖고 있다. 다음에는 셀링 포인트를 만들기 위한 원칙을 설명한 것이다.

5W1H

① 누가 사용하는가?(who)
② 어디서 사용하는가?(where)
③ 언제 사용하는가?(when)
④ 무엇이 사용되는가?(what)
⑤ 왜 사용하는가?(why)
⑥ 어떻게 사용하는가?(how)

1) 누가 사용하는가?(who)

그 상품을 누가 사용하는 것인가를 잘 생각해 보아야 한다. 남성인가 여성인가, 같은 여성이라도 학생인가 직장여성인가 혹은 주부인가. 이런 점을 파고들면 훌륭한 셀링 포인트가 될 것이다.

2) 어디서 사용하는가?(where)

가정 안에서 사용하는 것인지 직장에서 사용하는 것인지, 야외용인지 실내용인지, 산에서 사용하는 건지 해변에서 사용하는 것인지를 생각해야 한다.

3) 언제 사용하는가?(when)

아침에 일어났을 때인지, 한낮의 바쁜 때인지, 안정된 밤에 사용하는 건지, 사용하는 시간을 분류해 보아야 한다. 또한 계절이나 날씨, 내객(來客) 등 여러 가지의 시기를 생각해 보면 좋을 것이다.

4) 무엇이 사용되는가?(what)

주로 무엇이 사용되는지, 그에 부수해서 무엇과 무엇이 필요해지는지 따위를 조사해 보는 것도 중요하다.

5) 왜 사용하는가?(why)

즐기기 위해서인지, 남에게 선물하기 위해서인지, 생활에 필요해서인지 하는 목적과 동기를 아는 것도 훌륭한 힌트가 될 것이다.

6) 어떻게 사용하는가?(how)

혼자서 몰래 사용하는 건지, 남 앞에서 으시대며 사용하는 건지, 따스하게 하는지, 차게 하는지의 사용방법을 생각하는 일도 역시 중요하다.

고객이 감동할 포인트

① 짧게, 구체적으로 정리한다.
② 시대에 따라 바뀐다.
③ 고객에 따라 바뀐다.

1) 짧게, 구체적으로 정리한다

일례로 화섬 와이셔츠의 셀링 포인트를 "전날 밤에 중성세제를 사용하여 미지근한 물로 빨아, 그대로 말리면 다림질을 하지 않아도 이튿날은 입을 수 있습니다."라고 하면 너무 길어서 셀링 포인트가 되지 않는다. 이것은 "노 아이론"이라든가, "밤에 세탁해서 아침에 입는다", "여행에 편리" 따위로 짧게 정리하는 것이 중요하다. 또 "어느 분이나 편하게 사용할 수 있다." 보다는 "유치원 아이라도 혼자서 사용할 수 있다."는 편이 구체적이고 호소력도 강하다.

2) 시대에 따라 바뀐다

식료품의 셀링 포인트는 옛날부터 맛좋은 것으로 정해져 있지만, 최근에 와서는 맛과 전혀 관계가 없는 셀링 포인트가 3가지로 되어 있다.

하나는 인스턴트로, 조리의 간편성이다. 둘째가 저(低)칼로리이다. 이전에는 칼로리나 영양가가 낮은 식품을 아무도 사지 않았을 것이다. 셋째가 방부제나 착색료(着色料)를 사용하지 않았다거나, 자연식이다라는 안전성이 새로이 나타났다. 즉 셀링 포인트는 시대의 움직임과는 무관하지 않은 것이다. 따라서 새로운 셀링 포인트를 생각할 때는 상품을 깊이 연구하는 일이 중요하지만, 동시에 그 상품이 사회에 어떻게 받아들여지는지를 충분히 조사할 필요가 있다.

3) 고객에 따라 바뀐다

일례로 와이셔츠의 셀링 포인트는 그것을 사용하는 남성에 대해 가격 이외에는 "색상이 좋다", "멋진 디자인", "몸에 잘 맞는다."의 3가지가 효과적이라고 생각된다. 이렇게 생각하면 훌륭한 셀링 포인트를 만들려면 앞의 5W1H에 의해 생각하고 체크하는 일이 얼마나 중요한지 알게 되었을 것이다.

9 클로징

클로징(closing)이란, 고객에게 구매하기로 결단을 내리게 하는 일이다. '과학적 판매기술'에서 보면 클로징이 신뢰와 행동 사이에 쓰여 있는 것은 그 의미이다. 따라서 고객이 "이것이 제일 좋겠다." 말하고 곧바로 "그럼, 이걸 사자." 하고 구매행동으로 진행되면 이 클로징은 생략해도 괜찮다. 하지만 "이것이 제일 좋겠군." 하면서 좀체로 구매하기 결단을 내리지 못할 때는 다음에 설명하는 클로징의 방법을 실시해야 한다.

1) 상품을 2~3점 정도로 압축한다

상품을 많이 보여주는 것만이 서비스는 아니다. 오히려 판매가 거의 끝나가면 상품을 2~3점 정도로 압축하고 다른 것은 치워버린다. 이는 고객이 물품 고르기에 망설이는 것을 방치할 뿐 아니라 종업원이 고객의 기호를 간파하기에도 편리하기 때문이다.

상품을 정리할 때는 가능한 한 자연스럽게 이야기를 하면서 태연히 정리하도록 한다. 그러지 않으면 고객은 쫓겨나는 듯한 착각을 할 염려가 있기 때문이다.

2) 고객의 기호를 탐색한다

압축한 2~3점 정도의 상품 중에서 고객이 가장 좋아하는 상품을 찾아내어 그것을 권하면 판매는 성공하는 것이다. 그것을 찾아내는 방법은 다음 4가지이다.

① 고객의 시선이 많이 집중되는 것

사람은 누구나 자기가 좋아하는 것에 더 많이 주시하는 습성을 갖고 있다. 이를 이용하여 좋아하는 것을 간파하는 것이다.

② 고객의 손이 닿는 것

고객이 상품을 손에 잡고 살핀다거나 비교해 보는 것을 잘 관찰하면 자기가 좋아하는 상품에 더 많이 손길이 간다.

③ 손 밑에 두는 것

자기가 좋아하는 것을 손 밑에 두고 내키지 않는 것을 멀리 밀어내는 것은 누구나 다하는 행위이다.

④ 비교의 중심이 되는 것

가령 A, B, C, D 4개의 상품을 비교해 보고 있을 때, 고객이 A와 B를 비교하고, 다음에 B와 C를 비교하고, 그리고 B와 D를 비교하면, 그 비교의 중심은 B라는 뜻이 된다. 그래서 B에 가장 호감을 갖고 있다고 판단하는 것이다. 이상의 4가지 중 2가지 이상을 짜맞추어 사용하면 확률 90퍼센트가 된다.

3) 좋아하는 상품에 가볍게 셀링 포인트를 덧붙이며 "이쪽이 좋으시겠군요." 하고 확인한다

고객이 좋아하는 상품을 알게 되면 이와 같이 확인을 하는 것이지만, 이때 가볍게 셀링 포인트를 덧붙여서 고객이 "예스"라고 쉽게 말하게 한다. 이럴 때의 셀링 포인트는 조금 전에 사용해서 성공한 것이다. 이상이 클로징의 방법이지만 고객이 이제 한 고비를 넘겨 구매하기로 결단을 내렸을 때는 이 3)만을 실시하면 충분하다.

전술한 앨머 호일러는 “클로징 할 때, ‘사시겠습니까?’ 하고 묻지 말고 ‘어느 쪽으로 하시겠습니까?’라고 물어라.” 하고 강조하고 있다. “사시겠습니까?” 하고 물으면 대답은 두 가지 중 하나로 “Yes” 아니면 “No”이다. “Yes”라면 무방하지만 “No”라면 헛일이다.

그래서 “어느 쪽”이라고 물으면 A든가 B든가 어느 쪽이 되는 것이다. 어느 쪽을 대답해도 판매는 성립된다. 하지만 우리는 이미 고객의 기호와 취향을 파악해 왔으니까 “이쪽이 좋으시겠죠.” 하고 확인을 하는 것만으로 충분하다.

그런데 고객이 이제 한 고비를 넘겨 구매하기로 결단을 내렸을 때는 이 3)의 확인만으로 족하다고 말하지만, 이때는 그것을 말하는 타이밍이 중요해진다. 다시 말하면 어프로치와 마찬가지로 클로징의 굿 타이밍을 포착해야 하는 것이다.

굿 타이밍

① 질문이 없어졌을 때
② 한 가지에 질문이 집중되었을 때
③ 무언으로 생각하기 시작했을 때
④ 혼자서 몇 번이고 고개를 끄덕이고 있을 때
⑤ 가격에 관심을 두기 시작했을 때
⑥ 같은 질문을 반복해서 확인했을 때
⑦ 애프터서비스를 걱정하고 있을 때

Key Point

1. 과학적 판매기술의 주체를 인식해야 한다.
2. 우선 기다리는 일-대기의 자세와 위치가 중요하다. 이때 포인트는 정위치를 정하고 지키면서 바른 자세로 고객을 기다리고, 다음 판매 준비를 하면서 그리고 항상 고객을 의식해야 한다.
3. 고객 어프로치의 익숙함과 서투름은 타이밍에 달려 있다. 즉 Good Timing이라는 단어를 상기한다.
4. 상품 제시의 포인트는 상품을 사용하는 상태를 보이거나 인간의 오감을 충분히 활용하면 판매를 극대화 할 수 있다.
5. 니즈 탐색에는 몇 가지 기본이 있다. 즉 일방적 질문이 아닌 상품 제시와 교차로 물어보기, 상품을 구실삼아 묻는다.
6. 고객에게 상품을 능숙하게 권하려면 해당 상품의 세일링 포인트를 밝혀주어야 한다.
7. 클로징은 고객이 상품 선택에 주저할 때 위력을 발휘하는 것이다. 고객의 구매방법을 잘 관찰하여 능숙하게 판매를 결정짓고 기술을 익혀두어야 한다.

3 효율적인 세일즈 화법

서비스 화술의 ABC

간혹 너무 말이 유창하면 진실성을 의심받게 된다고 한다. 그래서 사기꾼치고 말 못하는 사람이 없다고 하지 않는가? 그런데 우리는 말 많은 것을 말 잘하는 것으로 곧잘 혼동하고 있다. 그래서 짧은 시간에 많은 단어를 뱉어놓으면 말을 잘한다고 생각한다.

서비스맨이 고객을 대하여 하는 말이란, 연설도 강연도 아니며 독백은 더욱 아니다. 어디까지나 상대방이 있는 대화이다. 그러므로 혼자서 말을 독점했다면 대화의 기본을 크게 벗어난 것이라 할 수 있다.

천부적으로 말 잘하는 재질을 타고난 사람도 있겠으나, 그렇지 못하다면 평소에 말에 대한 관심을 가지고 말 잘하는 노력을 꾸준히 기울이는 수밖에 없다. 다만, 서비스 화술에 있어서 다음 세 가지만은 '말 잘하는 원칙'으로 삼을 필요가 있다.

① 명확하고 부드럽게 말한다.
서비스맨의 말은 부드럽고 상냥함을 생명으로 한다.
② 진심으로 말한다.
상대방을 움직이는 데에 진실 이상의 것은 없다.
③ 작은 소리로 짧게 말한다.
목소리가 크거나 말이 길면 설득력과 호소력은 반감(半減)된다.

1 경어를 잘 쓰고 있는가?

접객화법(接客話法)을 설명함에 있어서 피해갈 수 없는 것이 경어다. 최근의 젊은 사람들 중에는 경어에 관해서 충분한 지식을 갖고 있지 않은 사람을 더러 볼 수 있다. 그래서 여기에서는 경어에 관해 공부하고자 한다.

경어는 크게 나누어 다음 3종류가 있다.

① 존경어
② 겸양어, 겸사말
③ 공손한 말

【경어 사용의 효과적인 방법】

첫째는, 당신의 직장에서 경어를 잘 쓰는 선배나 상사를 찾아 그 사람의 경어 사용법에 귀를 기울였다가 그 흉내를 내는 일이다. 이건 매우 손쉽고도 효과적인 방법이다. 다만, 그 선배가 잘못된 사용법을 썼을 때, 그것을 흉내 낼 결점이 있음을 알아두어야 한다. 그러나 가령 잘못된 방법이라도 알아두면 언젠가 그것을 깨닫고 스스로 고치는 찬스도 갖게 된다. 어떻든 항상 경어에 흥미를 갖고 TV나 라디오 아나운서의 말씨에 귀를 기울이거나 신문·잡지의 문장을 주의해서 읽고 좋은 점을 익히는 자세가 필요하다.

둘째로, 개인적인 시간에 텔레비전이나 영화, 연극 등을 보거나 혹은 소설을 읽을 때, 그저 만연히 스토리를 쫓을 게 아니라 배역 중에 경어를 훌륭하게 쓰는 사람이 보이면 그 사람의 화법을 흉내내볼 일이다.

셋째로, 평소에 가능한 한 경어로 이야기하는 습관을 가져야 한다. 평소에 경어를 쓰는 기회를 많이 갖고 의식적으로 경어를 쓰고 있으면 차츰 경어에 익숙해져 저절로 경어를 잘 쓰게 되는 것이다.

서비스 화법의 포인트

① 삼의(三意)를 가지고 말한다.
삼의(三意) : 열의(熱意), 성의(誠意), 호의(好意)

② 항상 부드러운 미소를 띠고 상냥하게 말한다.
미소는 고객의 마음을 열게 한다.

③ 목소리의 크기와 말의 속도는 T.P.O에 맞춘다.
1분에 350자의 속도를 기준으로 하여 낮은 소리로 말하되 T.P.O에 따라 변화 있게 말한다.

④ 시선은 상대방에게 둔다.
외면하거나 힐끗힐끗 쳐다보아서는 안 되며 상대방을 차분하게 바라보되 얼굴의 흉터나 결함에 시선을 두지 않는다.

⑤ 칭찬한다.
찬사는 말의 꽃다발과 같아 대화를 훨씬 부드럽게 해준다.

⑥ 잘 듣고 맞장구를 친다.
맞장구치며 듣는 것은 말을 잘하는 것 이상으로 중요하다.

⑦ 똑똑한 체하지 않는다.
조금은 부족한 듯해야 남의 호감을 산다. 자기가 똑똑하다는 자랑보다 좀 어리석은 것처럼 이야기하는 게 좋다.

⑧ 고객의 입장을 존중한다.
상대의 입장이나 생각을 이해하고 존중한다.

⑨ 침착하게 말한다.
스스로 침착하다해도 말이 빠를 경우가 많다. 과장과 허풍은 분위기를 해치고 응대자의 품위를 떨어뜨린다.

⑩ 반말을 금한다.
예의바른 존대어를 사용할 것. 품위 있는 말의 사용은 곧 인품의 고상함을 나타낸다.

2 당장 쓸 수 있는 능숙한 화법

접객 화법이니 세일즈 화법이니 해도 결코 특별한 말씨나 말투가 있는 건 아니다. 보통 사람이 극히 일상적으로 쓰고 있는 말을 정중히 표현하면 그것이 곧 접객(接客) 화법, 세일즈 화법이라 해도 전혀 틀리지 않는다. 따라서 접객 화법과 접객 용어를 정의하면 다음과 같이 된다고 생각한다.

접객 화법이란 고객의 귀에 기분 좋게 들리는 화법(畵法)이고, 접객 용어란 고객의 귀에 기분 좋게 들리는 말씨를 뜻한다. 즉 고객의 귀에 기분 좋게 들리면 어떠한 화법이건 어떤 말씨라도 무방하지만 거기에는 종업원, 서비스원이 지켜야 할 몇 가지의 원칙이 있다.

① 명령문을 피하고 의뢰문으로 부탁을 한다.
② 부정문을 가능한 피하고 긍정문으로 대답을 한다.

1) 명령문을 피하고 의뢰문으로 부탁한다

고객에게 "무엇 무엇을 하라." 따위로 명령하는 종업원은 있을 수 없지만, 명령문에 가까운 표현을 하는 경우가 있다. 명령문에 가까운 표현이란 고객의 기분이나 생각을 전혀 고려하지 않고 일방적으로 자기편의 위주로 말하는 일이다. 가령, 흔히 종업원이 사용하는 "지금 표절되었으니 1주일간 기다려 주십시오." 하는 말은 명령문에 가까운 표현이라 할 수 있다.

상품이 다 팔려 재고가 없는 건 점포 측의 책임이다. 그런데 그 때문에 모처럼 사러 온 고객에게 불편을 끼치고 있는 것이다. 그런데도 "1주일간 기다려 주십시오."라는 것은 너무나 일방적인 말이 아닐까 싶다. 고객에게는 "없는 건 없는 거니까 1주일 기다려라." 하는 느낌으로 받아들일지도 모른다.

그래서 이럴 때는 "죄송합니다만" 하며 먼저 사죄한 연후에 "1주일 후에는 입고되므로 1주일간쯤 기다려 주시겠습니까?"라고 하는 것이다. 즉 의뢰문(依賴文)의 활용이다.

2) 부정문을 가능한 한 피하고 긍정문으로 대답한다

부정(否定文)이라는 것은 "~가 아닙니다." 하는 거절의 말이어서 원래 듣기 거북한 것이다. 모처럼 이쪽에서 부탁하고 있는데 "할 수 없습니다", "없습니다", "기다릴 수 없습니다", "안됩니다." 이런 대답은 몹시 귀에 거슬리는 불쾌한 말이다.

'이렇게 저자세로 부탁하는데도…'라든가, '평소부터 이렇게 사 주고 있는데…' 하며 화가 나는 것도 당연할 것이다. 그래서 가능한 한 부정문을 피하고 긍정문으로 대답할 일이다.

3 능숙한 거절방법의 테크닉

고객으로부터 무리한 일을 부탁받았을 때, "그건 할 수 없습니다."라거나 "안 됩니다." 하고 거절하면 고객의 감정을 상하게 할 때가 있다. 그렇다고 해서 "예, 좋습니다."라고 말할 수 없을 경우에는 역시 부정문으로 거절하지 않고 반대로 의뢰문(依賴文)으로 이쪽에서 부탁하는 형식을 취하는 편이 고객의 기분을 상하지 않게 하는 방법인 것이다.

예컨대, 값을 깎으려 할 때 "안 됩니다", "그렇게 할 수 없습니다." 하면 고객의 마음을 거슬릴 우려가 있다. 그래서 "미안합니다만, 값은 깎지 않으실 수 없겠습니까?" 하고 부탁하는 것이다. 바꿔 말하면, 고객의 제의에 대해 저는 'Yes'도 'No'도 말할 입장이 아니므로 오직 "그것만은 용서해 주십시오." 하고 부탁한다는 형식으로 하는 것이다. 그리고는 가능한 한 빨리 화제를 바꾸면 좋을 것이다.

4 효과적인 플러스, 마이너스 화법

다음의 두 문장 중 어느 쪽이 좋은지 생각하기 바란다.

① "좀 비싸지만 매우 튼튼합니다."
② "매우 튼튼하지만 좀 비쌉니다."

이 두 문장은 똑같은 말을 사용하고 있다. 다만 문장의 앞뒤가 바뀌어 있다. 그러므로 그 의미는 전혀 같다고는 말할 수 없다.

그렇다면 어떻게 다른 것일까. 전자는 튼튼함이 강조되고, 후자는 값이 비싸다는 것이 강하게 나타나 있다. 즉 ①의 "좀 비싸지만 매우 튼튼합니다."라고 하면 고객은 "과연 비싼 만큼 튼튼하군." 하고 튼튼함을 강하게 느끼지만, ②의 "매우 튼튼하지만 좀 비쌉니다."고 하면 고객은 "과연 튼튼한 만큼 비싸군." 하며 가격의 비쌈을 강하게 느낀다. 따라서 강하게 호소하고 싶은 말을 뒤쪽으로 옮기게 하면 좋다는 뜻이 된다.

그런데 이 두 문장을 고객 편에서 보아 플러스인가 마이너스인가 하는 시점에서 살펴보면 당연히 싼 쪽이 좋으므로 비싼 것은 마이너스로 튼튼함은 물품을 오래 쓸 수 있으므로 플러스라 할 수 있을 것이다.

그래서 ①의 "비싸지만 튼튼하다."는 마이너스·플러스가 되어 플러스가 강하게 들리게 되고, 한편 ②의 "튼튼하지만 비싸다."는 플러스·마이너스가 되어 마이너스가 강하게 들리게 된다. 따라서 고객에게 상품을 권할 때는 상품의 마이너스 면을 먼저 말하고, 그러고 나서 플러스 면을 말하면 플러스 면이 강하게 호소해지게 된다.

그렇다고 해도 이 마이너스란 상품의 결정적인 마이너스는 아니다. 처음에 결정적인 마이너스 면을 말한다면 나중에 아무리 훌륭한 플러스 면을 설명해도 고객은 살 마음이 없어져버릴 것이다.

5 고객의 반응을 살피면서 말하고 있는가?

같은 말이라도 쓰는 사람에 따라 의미가 달라지고, 또 동일 인물이라도 때와 장소에 따라서 말의 의미가 달라지는데 왜 그럴까.

리처드라는 영국의 문예평론가가 그의 저서 『시(詩)와 과학』 중에서 말을 과학적인 말과 정서적인 말로 구분해서 설명하고 있는데, 이는 참고가 될 것으로 생각한다.

예를 들면, "이 책은 100페이지다."는 과학적인 말이고, "이 책은 재미있다."는 정서적인 말이라는 것이다. 즉 과학적인 말은 나중에 실증되는 것이다. 누가 말해도 옳고 그름이 명확하게 된다. 그러나 정서적인 말은 감정이 가해지므로 사람에 따라서 표현의 방법이나 쓰는 말의 의미가 달라지는 것이므로 반드시 옳다라든가 틀렸다고는 말할 수 없다.

지금 주스가 병 속에 반쯤 남아있을 경우, "300밀리리터의 병 속에 150밀리리터의 주스가 있다."라고 표현하면 주스가 남아있는 상태를 정확하게 과학적인 말로 설명하게 된다. 하지만 대부분의 사람은 이렇게는 표현하지 않을 것이다. 대개 "주스가 아직 절반 남아 있다."라든가, 또는 "주스가 반 밖에 없다."라고 할 것으로 생각한다.

말할 것도 없이 전자는 주스가 있다는 긍정적인 의미를 표현하고, 후자는 주스가 반은 마셔서 없어졌다는 부정적인 의미를 표현하고 있는 것이다. 즉 어느 쪽의 경우도 말하는 사람의 감정이나 사고방식이 말을 규제하고 변화시키고 있는 것이다. 그래서 접객에서도 고객의 반응을 살피면서 말을 하는 일이 대단히 중요해지는 것이다.

6 듣기 잘하는 사람이 세일즈를 잘한다

종업원에게는 상품에 대한 설명을 해서 팔아야 한다는 사명감이 있기 때문에 그만 수다쟁이가 되어 고객의 기분을 살피는 일에 소홀해지기 쉽다. 그러나 진정으로 말을 잘한다는 것은 지껄이는 것보다도 잘 듣는 일이다. 그리고 그에 따라 상대방의 생각이나 심리를 파악하고 그에 맞추어 말하는 일이다.

그래서 종업원도 상품의 설명을 할 때, 단순히 물품의 설명을 할 뿐만 아니라 자기의 설명이 어디까지 이해되며, 그 결과 고객의 마음에 어떻게 전해졌는지를 살피는 일이 중요하다.

이를테면 "~라는 건데 좋으시겠습니까?" 라든가, "~라는 것인데 어떻게 생각하십니까?" 하며 요점을 말해, 고객의 찬동을 구하거나 의견을 묻거나 하면서 상품 설명을 해가는 것이 중요하다.

이와 같이 고객에게 묻거나 감상을 요구하여 고객에게 말을 하게 하는 메리트는 두 가지가 있다.

첫째는, 듣는 입장이 되므로 해서 고객의 니즈와 취향을 잘 알고 그것을 상품의 권장에 활용할 수가 있는 점이다. 또 하나는 고객 자신이 말함으로 해서 종업원에게 친밀감을 느끼고 기분상으로 사는 쪽과 파는 쪽의 벽을 없앨 수가 있다는 점이다.

고객이 즐겁게, 그리고 말하기 쉽게 느끼도록 하려면 종업원은 성의를 다해 열심히 이야기를 들으며 고객의 이야기 도중에 그 말에 맞장구를 치거나 그 이야기에 알맞은 말을 거들어 이야기가 자연스럽게 전개되도록 돕는 일이 중요하다.

7 말은 살아있는 단어의 짜맞추기

"말은 살아있다."라는 것은 다음 두 가지의 의미가 있다. 하나는 말은 살아있기 때문에 잘 사용하지 않으면 죽어버린다는 의미이고, 또 하나는 말은 살아있는 생명체이므로 새로이 태어나는 말이 있는가 하면 쓰이지 않아서 사라져 버리는 말도 있다는 의미이다.

전자의 말을 잘 사용하는 방법은 본 장에서 설명하는 것이 그에 해당하므로, 여기에서는 후자의 새로이 태어나는 말, 사라져 가는 말에 관해서 설명하기로 한다.

예컨대, '저택'이라는 말은 옛날에는 고객의 집을 가리키는 용어로서 중요한 의미가 있었지만, 오늘날에 와서는 그런 식으로는 잘 쓰지 않고 있다.

"저녁 6시까지 배달하겠습니다. 저택은 어딥니까? 아, 저 건너 50평짜리 아파트입니까." 이러면 고객으로서는 조롱당하는 듯해서 도리어 실례가 된다. 고객의 집은 그저 '댁', '집'으로 충분하다.

'노인장'도 마찬가지다. 옛날에는 이 노인장이 대단한 경칭이었지만, 오늘날에는 듣기에도 거북스럽다. 이러한 말은 아직도 흔히 쓰이긴 해도 특히 종업원 같은 사람에게는 거의 쓰이지 않는 말들이다.

"싸구려라 하지 말고 특매품이라 말하라."는 것은 옛날의 영업방침에 나왔던 세일즈의 말이다. 그 이유는 '싸다'는 말은 '싼 것이 비지떡'이라는 조악품(粗惡品)의 이미지를 줄 우려가 있기 때문이며 또 "싸구려니까 사가세요." 하며 권하면 고객의 프라이드를 상하게 할 위험이 있기 때문이다.

그런데 요즘에는 슈퍼마켓이나 백화점이 '바겐세일'이라 해서 팔고 있으니, 자기 점포만 '특매'라 해서는 좀처럼 효과가 적다. 그래서 지금은 '염가'라는 말을 써도 지장이 없다고 생각한다. 다만 염가뿐만 아니라 이 말의 전후에 싼 이유를 붙이면 될 것이다.

가령 '이월품'이라든가 '산지직송', '대량구입품'이라 하는 식으로 표현하면 조악품의 이미지를 주지도 않고, 또한 고객의 프라이드를 상하게 할 우려도 없을 것이다. 바꾸어 말하면 '싸다'라는 말은 한 번 죽었다가 다시 살아난 말이라 할 수 있다.

새로이 생겨난 말, 곧 유행어를 사용할 때는 유행의 최첨단을 가지 않고, 한 발 쳐져서 사용하는 편이 무난하다. 이를테면 '좋은 필링(느낌)'이니 '화끈하다' 따위는 이미 보통 말이 돼버렸지만 나이든 고객에게는 삼가는 게 좋다.

이전에 70세의 남성이 신문에 투서한 내용에 어느 백화점의 특매광고를 보고 1주일 후에 상품을 사러 갔더니 다 팔리고 없었다. 그 때 상품을 찾아주던 젊은 남자 종업원이 마지막으로 한 말에 화가 났다. 그 종업원은 "유감스럽습니다. 또 오세요."라고 했다는데, 이 말도 젊은 고객한테 했다면 문제가 일어나지 않았을 것이다. 이때 주의해야 할 내용들은 다음과 같다.

① 주의해야 할 말씨
② 꼭 사용해야 할 접객용어
③ 이럴 때는 이렇게 한다.

표준 판매화법 작성요령

① 판매과정 5단계를 차례로 적는다.
㉠ 주위(Attention)를 끈다.
㉡ 흥미(Interest)를 불러일으킨다.
㉢ 의욕(Desire)이 생기게 한다.
㉣ 확신(Conviction)을 갖게 한다.
㉤ 구매행동(Action)으로 옮기게 한다.
② 고객이 그 상품을 사게 되는 모든 구매동기를 나열한다.
③ 상품에 대하여 설명가능한 모든 사실을 나열한다.
④ 이들 사실과 고객의 구매동기를 연관시킨다.
⑤ 판매초점에 부합되는 이야깃거리나 물적 증거를 전부 나열한다.
⑥ 예상되는 고객의 거절, 반대에 대하여 준비한다.
⑦ 이상의 준비된 내용을 가지고 논리적·합리적으로 설명할 차례를 정하여 배열한다.
⑧ 이상의 작업이 끝나면 고객유형, 구매동기별로 요약하여 적어주고 활용한다.

Key Point

1. 접객화법에 있어 기본적인 것은 경어, 공손한 말, 겸양어 등이 있다.
2. 접객을 할 때, 고객에게 원할 때, 대답시, 거절을 할 때 어떤 표현을 하느냐가 중요하다. 원칙과 요령을 알아두어야 한다.
3. 고객의 말을 잘 알아들어야 한다. 고객을 만족시킴과 동시에 고객의 요구사항을 정확하게 파악해야 한다.
4. 말은 살아 있는 것이다. 말을 능숙하게 사용해서 상품을 권유해야 한다.
5. 고객의 약점은 절대 발설해서는 안 된다.

Memo

Customer Service Technic

CHAPTER 5

서비스 만족

❶ 서비스 고객만족 경영
❷ 만족을 주는 서비스
❸ 적절하지 않은 서비스
❹ 능숙한 불만처리

“고객의 불평불만에 귀를 기울여라”

서비스는 완벽할 수는 없으나 완벽에 가까우면 가까울수록 좋은 것이다. ‘서비스가 너무 좋아서 싫더라.’ 그런 말 들어 봤나? 이 정도면 됐다는 건 당신 생각이지 고객의 생각이 아니다. 고객으로서는 그 정도로 안 되기에 따지는 것이요, 그 정도로는 만족할 수 없기에 더 요구하는 것이다. 이 때 고객의 불평불만에 만족하지 말고 귀를 기울이라는 것이다. 그것에 이유가 있든지, 없던지 간에 중요한 사실은 고객에게는 불평불만이 있다는 것이다.

1 서비스 고객만족 경영

1 서비스 고객만족 경영은 필요한 것인가?

1) 서비스 고객만족 경영의 필요성

오늘날의 우리 사회는 하루가 다르게 과학기술이 발전하면서, 유사한 서비스업이 많이 생겨나고 있다. 서비스기업의 생존과 성장을 위해서는 시장성이 있는 업종을 선택하고, 선택 후에는 다른 경쟁사보다 차별화된 기술과 서비스를 갖추어야만 살아남을 수 있다. 특히, 우리나라의 여러 기관과 관공서의 공무원들은 무표정한 얼굴, 딱딱한 언어 사용 등 고객에 대한 배려는 하지 않고 너무나 불친절하다. 바쁜 업무에 쫓기는 현대인의 특성을 여실히 보여주고 있다.

우리나라를 여행하는 외국인들에게 인터뷰를 해보면 한결같이 레스토랑 음식 가격이 현지인인 우리나라 사람에 비해 부당하게 비싸고, 종업원들의 태도와 말투가 너무 무섭다고 한다. 또한 저명한 의사가 있는 병원에서 진찰을 받으려면 예약한 후 몇 개월씩 기다리는 것은 기본이고, 간호사들은 왜 그렇게 불친절한지 모를 일이라고 한다. 한마디로 '두 번 다시 만나고 싶지 않은 사람', '두 번 다시 찾고 싶지 않은 장소'로 만들고 있는 것이다.

서비스 고객만족 경영의 필요성을 단적으로 표현한다면 '계획적이고 차별화된 전략으로 단골고객을 만들어 이익을 높이는 것'이라 할 수 있다. 서비스 고객만족 경영은 목적이자 수단으로서의 의미를 동시에 갖는다. 지속적으로 고객을 만족시킬 수 있는 서비스 기업만이 기업가치 창출이 가능하며 장기적인 생존과 이익을 보장받을 수 있다.

수요가 공급을 초과하던 과거의 기업경영이 '생산자만족 경영'이었다면, 앞으로는 '고객만족 경영'이 필수적이다. 공급이 수요를 초과하는 현대는 고객이 기업에게 어떤 제품을 생산해야 하는가를 결정해주는 주체로 변모하고 있기 때문이다.

서비스 고객은 현재의 서비스와 상품의 질을 매우 객관적인 측면에서 직시하고 있다. 또한 자신에게 어떠한 이익이 있는지 판단하며, 그러한 자신의 기대가 이뤄질 때 고객은 만족하는 것이다.

로열티(Loyalty)라는 말처럼 고객만족의 차원을 넘어 '고객복종', '고객감동' 심지어는 너무 감동한 고객이 졸도하는 '고객졸도'라는 말까지 이끌어 낼 때 고객만족을 이루었다고 보는 것이다. "We will refer to all the abstract drivers of satisfaction and loyalty as benefits."라는 말처럼, 고객만족의 모든 근본 원인은 이익을 위해서 필요한 조건이며, 강한 자만이 살아남는 현실이기 때문인 것이다.

특별한 기술, 특별한 모델만으로는 더 이상 고객에게 매력을 줄 수 없다. 그에 덧붙여 '고객만족'을 달성하는 서비스 고객만족 경영을 해야 한다. 이제는 고객이 선택하는 시대이기 때문이다.

FTA 협상 전·후의 변화

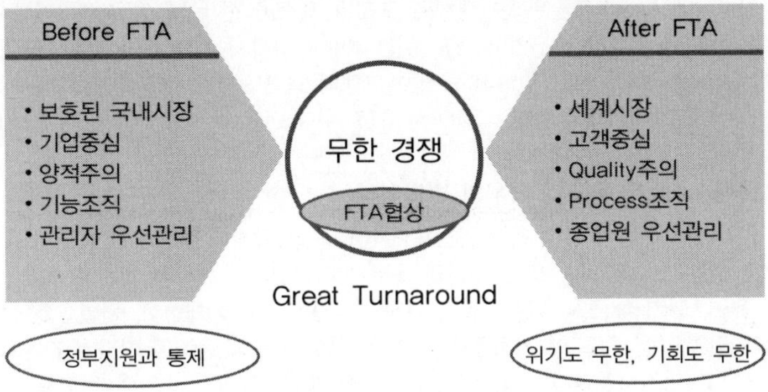

고객만족의 중요성

첫째, 글로벌 경쟁의 격화이다.

소수의 과점시장으로부터 다원적 경쟁시장으로 시장구조가 바뀌면서 글로벌 경쟁시대에는 세계시장과 세계의 고객을 상대해야 한다. 글로벌 경쟁의 시작으로 소비자는 가격과 품질면에서 세계적인 경쟁력을 갖고 있는 제품들 중에서 폭넓게 선택할 수 있게 되었고, 서비스 수준 또한 향상되어 소비자 생활의 질도 높아지게 되었다. 뿐만 아니라 소비자들의 제품을 고르는 기준도 더욱더 까다로워지고 있어 이제는 품질이 좋지 않은 제품으로는 고객의 선택을 받기 어려울 뿐만 아니라 기업중심의 경영방법으로는 고객과 점점 멀어지게 될 것이다.

둘째, 시장 내의 파워이동(Power Shift)이다.

제품생산의 초기단계에는 생산자 위주의 시장상황이었으나 산업이 발달하고 경쟁이 격화됨에 따라 제품의 공급이 과잉상태에 이르게 되면서 생산자와 소비자 사이의 대형 유통기관의 힘이 커지게 되어 생산자보다는 소비자가 더 중요한 요소로 부각되게 되는 것을 의미한다.

셋째, 시장의 성숙화이다.

성숙기에 발생하는 수요는 대체로 오래된 제품을 신제품으로 교체하거나 새로운 용도를 개발하여 구입이 증가한 경우이다. 따라서 품질 측면에서도 경쟁사보다 더 우수해야 하고 나날이 변하는 고객의 욕구도 충족시킬 수 있도록 서비스 면에서도 우월해야 한다.

넷째, 소비자 욕구와 가치의 변화이다.

인간의 욕구는 생리적 욕구, 안전의 욕구 충족으로부터 자기실현 욕구의 충족으로 발전하게 되었다. 또한 인간의 욕구가 다양해지고 빠르게 변하고 있다. 예를 들면, 과거 대중화, 규격화를 선호하던 경향으로부터 개성화, 차별화를 선호하게 되었으며 서비스에 가치를 두고 있다. 또한 소득의 증대에 따라 시간가치를 중시하고 여가시간의 증대를 선호하고 있다. 이와 같이 소비자의 욕구를 빠른 속도로 다양해짐에 따라 제품의 수명주기가 단축되고 제품이 다양해지고 있다.

다섯째, 소비행위의 변화이다.

예전에는 기능 및 하드웨어적 요소들을 중시하여 상품을 선택하였다. 그러나 오늘날에는 감성적이고 소프트적인 요소들이 중요한 요인으로 작용하고 있다. 또한 자신의 개성을 드러내기 위한 소비행위도 두드러지게 나타나고 있다.

여섯째, 소비자 주권의식의 확산이다.

대중 정보사회에서는 종래의 수동적 존재였던 대중의 선택력이 강화되고 정보창조를 할 수 있는 능동적 주체로 변신하게 되었다.

2) 서비스 고객만족경영의 정의

만족이란 용어는, 경제학에서는 효용(utility)이란 단어로 표현된다. 효용의 원래 의미는 소비자가 상품과 서비스를 소비하였을 때 기본적 욕구를 얼마나 충족하였는가에 대한 질적인 크기를 측정하기 때문에 이를 정확하게 측정하는 것은 쉬운 일이 아니다.

코틀러(Philip Kotrler)의 그의 저서인 『마케팅(Principle of Marketing)』에서는 고객만족이란 "고객이 제품에 대해 처음에 기대했던 성능과 돈을 사용하여 구매 후 제품을 소비하면서 얻은 실제 성능에 대한 비교치"로 정의되고 있다. 또한 비교기준 이론에서는 소위 소비자가 구입할 유사제품이나 서비스를 소비자 자신의 과거 경험과 비교하여 만족 여부를 느낀다. 즉

"특정제품과 서비스 > 종전의 유사제품이나 서비스 ⇒ 만족"

공정성 이론에서는 어떤 제품이나 서비스를 받기 위해 투입하는 비용과 구매 후 사용하면서 기대하는 산출이 어떻게 나오는가에 따라 고객만족이 결정되어진다. 즉 어떤 제품이나 서비스를 받기 위해 투입하는 '비용, 자산'과 구매 후 사용하면서 '기대산출'이 어떻게 나오는가에 따라 고객만족이 결정되어지는 것으로 공정성 이론은 정립되어 있다. 그리고 고객만족 연구의 대가인 올리버(Richard L. Oliver)는 고객만족을 실제로 구매한 후의 소비경험과 소비자의 사전기대가 얼마나 일치하느냐에 따라 결정된다고 정의하였다. 따라서 고객만족이란, 고객 가치 창출에 의하여 고객이 상품과 서비스를 이용하여 '고객의 사전기대를 더 충족시키고 그때에 일어나는 반응'이라고 정의할 수 있다.

3) 서비스 고객가치란 무엇인가?

서비스 고객만족 정의에서 보듯이 고객만족을 이끌어내기 위해서는 고객가치에 대한 개념이 명확해야 한다. 그렇다면 고객

가치란 무엇인가? 한마디로 말해 고객이 특정제품이나 서비스로부터 기대하는 여러 가지 혜택의 묶음과 그들이 지불하게 될 총비용과의 차이이다. 즉 고객이 50,000원으로 물품을 구입하였거나 혹은 그에 해당하는 서비스를 받았을 때, 이 물품이나 서비스가 고객에게는 그 이상의 값어치를 주었을 때의 차이를 고객가치라고 한다.

시골에서 일을 해주고 밥을 얻어먹기도 하는 경우도 있는데, 일을 서둘러 하면 망치기 십상이거나 일하는 도중에 소나기가 와서 일을 못하고 밥만 한 끼 얻어먹는 경우도 있다. 이때 '밥값도 못한다'는 소리를 듣지 않으려고 밥값보다 더 일을 했을 때 주인 입장에서는 일을 시킨 가치가 있게 된다. 즉 서비스 고객가치인 것이다.

서비스 고객만족 경영을 하기 위해서는 고객의 서비스에 대한 요구사항 및 불편사항, 사전기대 등을 정확하게 파악하여 서비스 고객가치를 증대시킬 수 있는 상품과 서비스를 끊임없이 개발하고 제공하는 것이 무엇보다 중요하다.

궁극적으로 고객이 대가를 지불하는 것은 자신의 문제해결이나 욕구충족이므로 유형이든 무형이든 욕구충족에 관련되는 모든 것은 마케터에 의해 고객에게 제공되는 것이므로 고객의 욕구충족에 기여하는 모든 요소들의 집합을 고객가치 패키지(customer value package)라고 한다. 즉 고객가치 패키지란 기업이 고객의 열망에 부응하여 제공하는 구체적인 유·무형 요소의 총체로서 제공받는 가치에 관해 전체적인 고객지각을 창출하는 경험의 총체라고 볼 수 있다.

그러나 마케터가 고객가치 패키지를 구성하기 위해서는 고객가치 조사를 통하여 고객의 입장에서 중요한 품질요소와 각 요소의 가중치를 밝혀야 하는데, 그러한 요소의 가중치 목록을 서비스 고객가치 모델이라고 한다.

고객가치 조사에서 다루어야 할 사항은 크게 네 가지로 구분할 수 있다.

① 고객경험의 어떤 요소들이 특별한 가치를 갖는가? (determinant attributes)
② 각 요소가 다른 것들에 비해 얼마나 바람직한가? (desirability weight)
③ 가치 있는 요소들에서 우리가 경쟁자에 비해 어떤가를 받고 있는가?(evaluation)
④ 고객경험에 가치를 하여 차별적/혁신적 경험을 제공할 수 있는 방안은?

한편, 서비스 고객가치 모델의 요소들은 대체로 다음과 같은 일곱 가지 범주로 나뉜다.

① 환경적 요소 : 제품을 경험하는 물리적 환경
② 미적 요소 : 감각적 자극이나 분위기
③ 절차적 요소 : 고객에게 요구하는 절차로서 양식기재, 이동, 대기
④ 대인관계 요소 : 친절, 외모, 복장, 능력

⑤ 정보 요소 : 안내표지, 제품설명서, 순서안내, 소개
⑥ 제공수단 요소 : 기내식의 접시, 메뉴, 여행서류, 구명조끼
⑦ 경제성 요소 : 가격, 지불방법, 추가적인 보상, 혜택 등

2 종업원의 만족 우선

상황이 어렵고 험난할 때는 물리적, 금전적 해결책보다는 구성원 각자의 정신의식 조건이 난관타개의 핵심이다. 상품이나 서비스의 품질이나 원가절감, 고객만족, 매출향상도 모두 인간의 의식 속에 지배되어진다. 설비나 기계, 제도나 규칙이 기업생존의 필수가 아니라 한 사람 한 사람의 정신혁명이 생존의 필수 조건인 것이다.

서비스기업을 생명체로 인정하지 않고 세상의 정보에 눈을 감고 무사안일하려는 태도나 "시간이 가면 모든 것이 해결된다."는 시간의존형 복지부동의 자세, 직장을 그저 머물다가는 수영장과 오락실, 놀이터로 착각하는 구성원이 있으면 한 고객만족은 어느 누구도 보장할 수 없다. 즉 종업원을 만족시키며 이들의 욕구를 충족시킬 수 있는 내부 마케팅이 필요한 것이다. 내부 고객이 우선이 되어서 그들에게 만족을 줄 때 그들은 외부고객에게 만족을 줄 수 있을 것이다. 종업원에게 뛰어난 고객서비스를 기대해도 종업원에 대한 대우가 나쁘면 무리한 기대가 되는 것이다.

"ESCS, 즉 종업원 만족(employee satisfaction) 없이 고객 만족(customer satisfaction)도 없다."라는 말이 있다. 고객 만족을 위

한 업무의 과중으로 근무시간이 늘어나 종업원에게 부담으로 느껴진다면 어느 누구도 고객만족을 실천하지 않을 것이다. 종업원들도 '나에게 어떤 이익이 있는가'라는 질문에 '뚜렷한 성과가 있다'라는 사실을 알고 난 뒤에라야 비로소 고객만족을 가능하게 할 수 있을 것이다.

그러나 서비스 고객만족 경영을 위해 기업이 우선 추진해야 할 것은 최고경영자가 고객보다 중시되고 최고경영자가 지엄한 정점에 자리잡는 피라미드형의 기업을, 고객 최우선으로 고객과 접촉하는 구성원 위주의 역피라미드형 기업으로 전환하는 것이다. 경영조직이 역피라미드로 되었다고 해서 최고경영자들의 권위가 떨어졌다는 것을 의미하는 것은 아니다. 고객을 우선으로 하여 모든 것을 생각하고 결정하자는데 의미가 있는 것이다.

한편 팀워크를 통하여 선의의 경쟁을 유발시키는 것이다. 팀간의 선의의 경쟁을 통하여 많은 발전을 할 수 있고, 우수한 성과를 거둔 팀에 대해 보상을 주었을 때 서로 신뢰하며 확고한 자신감을 가질 수 있다. 이러한 자신감은 더욱 열심히 하려는 욕망을 낳는다. 종업원이 행복해야 고객이 행복하기 때문이다. 이러한 행복과 열심히 하려는 욕망으로 종업원들이 만족할 때 고객은 만족한다.

받듬형의 변화

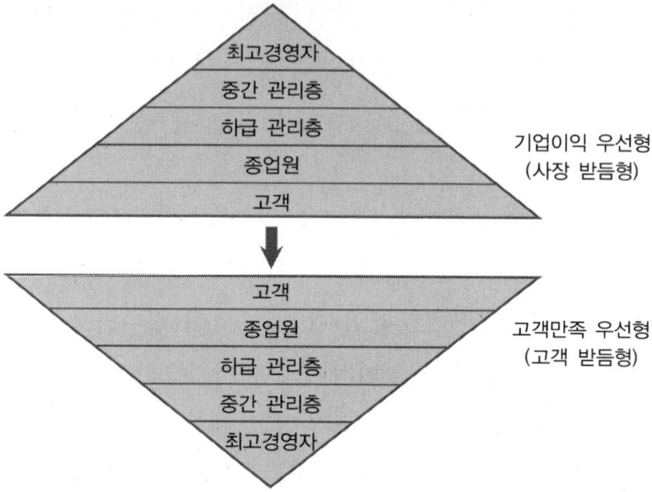

서비스 고객만족을 위한 서비스 10계명

① 고객을 귀찮아하지 않는다.
② 문제가 고객에게 있는 듯한 태도를 보이지 않는다.
③ 고객을 모른 체하지 않는다.
④ 고객의 만족도를 확인한다.
⑤ 우수고객이 아니라도 좋은 서비스를 받을 권리가 있다.
⑥ 기업의 모든 제품과 서비스를 숙지한다.
⑦ 기업의 잘못이 명백하다면 신속하게 고객의 불만을 해소한다.
⑧ 고객의 필요와 욕심, 기대를 파악한다.
⑨ 서비스 전략을 세운다.
⑩ 자신이 고객으로서 받고 싶은 대우를 고객에게 먼저 한다.

3 성공의 비결

1) 최고경영자가 고객만족경영 주도

일례로 보수적인 경영으로 알려진 모 은행의 최고경영자는 TV 광고에 직접 출연해 물구나무를 서면서까지 고객 중심적인 경영을 홍보한 적이 있다. 고객만족경영의 필요성을 종업원들에게 자연스럽게 인식시키며 경영자 스스로 고객만족을 주도하는 단적인 예이다. 고객만족에 관한 기법과 개념을 확실하게 정립한 후에 고객만족에 관한 관련 자료를 최고경영자가 정기적으로 직접 검토하는 것도 필요하다.

메리어트 호텔의 최고경영자는 고객의 의견을 이해하는데 많은 시간을 할애하며 고객의 편지나 설문지를 직접 읽어서 고객의 의견을 수렴하는데 소홀하지 않았다. 이처럼 최고경영자의 솔선수범과 고객만족에 관한 확실한 개념의 정을 통하여 고객만족은 이루어질 수 있다.

즉 최고경영자가 다른 부하 직원에게 고객만족의 모든 것을 일임하여 뒤에서만 바라볼 것이 아니라 최고경영자가 스스로 앞장서서 고객만족을 위하여 뛰어야 하는 것이다. 이 때 사업은 사장이 항상 매상을 올려주는 고객의 입장에 있어야 하고, 나와는 다르지만 고객의 입맛이 더 중요하며, 나에게 충성하는 종업원보다 손님에게 충성을 다하는 종업원이 장사에 도움이 되므로 경영자는 항상 일의 중심, 즉 고객의 중심에 있어야 하고, 또한 자금흐름의 중심에 있어야 한다.

2) 비전, 사명, 가치, 목표 설정

(1) 비전, 사명, 가치, 목표를 알자

고객만족을 위한 추진위원회의 중요한 임무 중의 하나는 비전, 사명, 가치, 목표를 결정하는 것이다. 최고경영자가 간부나 종업원에게 비전을 정해주고 그 비전을 실현시키기 위해서 임무를 규정하여 각 개개인에게 사명을 주어야 한다. 구체적인 목표 없이 '무조건 고객만족을 해라', '다른 경쟁사들도 다 하니까 우리도 한 번 해보자'는 식으로는 고객만족을 줄 수 없다. 그렇다면 비전, 사명, 가치, 목표가 무엇인지 먼저 알아야 한다.

"저희 레스토랑은 고객의 편안한 식사와 쉼터를 마련하는데 계속적인 서비스를 개발하고 새로운 메뉴를 개발하여 최고의 레스토랑이 될 것을 약속한다."에서 비전은 무엇일까? "고객의 편안한 식사와 쉼터를 마련하는 최고의 레스토랑이 될 것이다."가 비전이고, 사명은 '계속적인 서비스 개발, 새로운 메뉴 개발'인 것이다. 즉 비전은 한 서비스기업의 미래 모습을 나타내는 것이고, 사명은 그 비전을 실현하기 위한 구체적인 목적, 방법, 계획인 것이다.

한편 가치는 최고경영자, 종업원 모두가 함께 느낄 수 있는 기본 원칙이다. 그러므로 앞서의 문장에 있어 가치는 계속적인 서비스를 개발하기 위해서 나타나는 '고객에 대한 헌신'과 새로운 메뉴를 개발하는 '지속적인 노력'이라 할 수 있다. 마지막으로 목표는 비전을 달성하고자 원하는 결과를 말한다. 고객의 편안함을 추구하는 최고의 레스토랑이 되기 위해서 식당의 인테리어를 바꾸는 것, 또는 새롭고 차별화된 맛과 메뉴개발을 위해서 최고의 권위 있는 요리사를 스카우트한다는 것 등 이러한 것이 구체적인 목표라 할 수 있다.

(2) SWOT 분석

SWOT는 조직의 강점(Strengths), 약점(Weaknesses), 기회(Opportunities), 위협(Treats)을 분석하는 것이다. 레스토랑의 경우 최고의 식당이 되기 위해서 먼저 레스토랑의 장 · 단점을 분석하는 것으로써, 인근의 경쟁 레스토랑의 메뉴와 맛, 종업원의 서비스 질, 고객계층 등을 다각적으로 비교 분석하고, 식당의 위치적 입지와 주변의 여건 및 근황, 인테리어 등을 아울러 비교 평가함으로써 각 분야별로 강점과 약점을 파악한다. 이 때 중요한 것은 요소별 비교평가의 기준은 철저히 고객의 입장에서 객관적으로 실시하며, 가능한 범위에서 최대한 고객의 의견과 인근 업소의 의견을 청취해야 한다는 것이다.

상대적으로 유리한 분야는 충분한 가치를 발휘토록 하고, 열등한 분야는 위협요소를 구체화한 후 자금과 인적 요소를 고려하여 단기간 조치사항과 시간적인 여유가 필요한 중 · 장기 조치사항으로 계획한다. 즉 고객의 입장에서 분석, 판단한 결과와 구체적이고 현실성 있는 계획 수립, 경영자가 중심에 서서 솔선하는 형태의 가치 변화의 기회를 만든다면 비전, 사명, 가치, 목표를 설정하는데 매우 중요하게 쓰일 것이다.

3) 성공 가능성이 높은 팀, 프로젝트를 선정/운영

일례로 기침, 감기, 기타 다른 질병들은 초기에 잡아야지만 건강에 문제도 없고, 더욱 좋은 방법은 질병에 걸리기 전에 평상시 꾸준한 운동, 규칙적인 생활, 식사, 습관 등으로 사전에 예방하는 것이 가장 좋다는 것은 누구나 다 아는 건강비결이다.

서비스 고객만족경영도 마찬가지이다. 고객이 불만족을 느끼기 전에 고객만족을 위하여 고객만족을 위한 추진위원회와 유사한 팀을 만들어 사전에 예방하는 것이 중요하다. 설령 고객의 불만족에 관한 사례를 알게 되었더라도 팀을 중심으로 하여 빠른 시간에 문제점을 찾고 개선하는 것이 바람직한 방법인 것이다. 이 때 중요한 점은 효과적인 팀을 창출하고 그 팀을 중심으로 하여 문제점을 정확히 파악하여 대처방법을 찾는 것이 중요하다. 팀을 만들고 효과적인 협력관계를 형성하려면 아래와 같은 내용을 실천해야 한다.

① 멈춰라(Stop)

의사결정, 평가, 목표 수립에 있어서 외부 고객만을 고려하는 관행을 멈추어야 한다. 다양한 고객들을 모두 평가하여 그 요구를 파악하고 만족도를 평가하여야 한다.

② 보아라(Look)

종업원들에 대한 서비스를 향상시킬 수 있는 방법을 찾아보아야 한다. 공동의 목표를 달성하기 위해서는 종업원들과 함께 협력할 수 있어야 하기 때문이다.

③ 들어라(Listen)

팀원들의 의견을 귀담아들어야 한다. 명백한 의사표현은 물론 잠재적인 의견까지 포착하여야 한다.

④ 구축하라(Glow)

팀원들이 단순한 직장이나 동료나 고객, 서비스 대상자 이상임을 명심하여 협력관계를 구축하여야 한다.

문제해결 과정

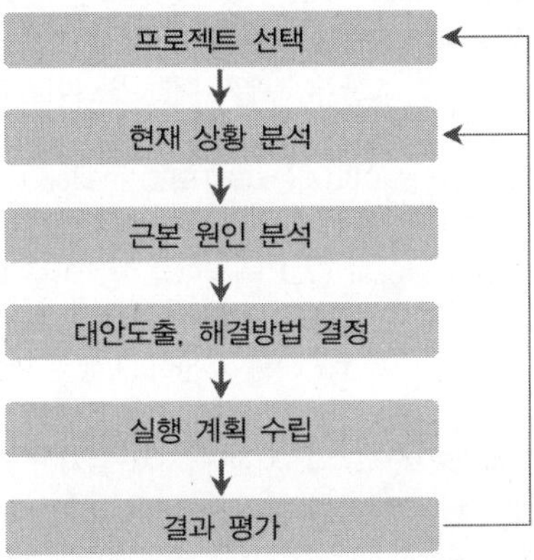

이러한 방법과 문제해결 〈표〉를 통하여 팀원들과 동료들과의 진정한 협력관계를 이룰 수 있는 발판을 마련할 수 있다. 협력관계가 잘 이루어졌다고는 하더라도 실질적인 행동이 뒤따르지 않는다면 아무 소용이 없을 것이다. 잘 짜여진 프로젝트와 효과적인 협력관계를 뒷받침하는 실질적인 행동이 따를 때 능률적으로 고객만족을 이끌 수 있을 것이다.

고객만족 마인드의 조성과 조직풍토 개혁

1) 전 사적인 고객만족 마인드의 조성

일례로 QC활동에서는 '특정 부문만의 활동으로는 한계가 있기 때문에 전 사적인 QC활동이 필요하다'는 이유에서 TQC(Total Quality Control) 활동이 확산되었던 것이다. 이와 유사하게 고객만족 활동에 있어서도 전 사적으로 실시되는 TCS(Total Customer Satisfaction) 활동이 필요하게 되었다.

고객만족경영에 있어서도 사소한 한두 사람의 실수가 치명적이 되므로 전 사적으로 고객만족활동을 추진하는 것이 필요하다. 예를 들면, 의료시설 분야에서는 전혀 문제가 없는데 단지 한두 사람의 미숙한 종업원의 부주의한 말 한마디가 고객을 기분 나쁘게 만들어 다른 노력이 헛되게 되어버리고 마는 경우가 있다.

손님 중에 아가씨를 아줌마라고 부르거나 자신이 할머니라고 불리는 것을 싫어하는 아주머니에게 할머니라고 부르는 것은 부주의한 언행이 되는 것이다. 이쪽에서는 선의로 호명을 부르지만 상대방은 이용은커녕 도리어 화를 내고 매장의 분위기가 나빠지게 된다. 호칭이 애매할 때는 손님이라고 부르는 배려가 필요하다.

이와 같이 나쁜 마음에서가 아니지만 부주의로 고객에 대하여 불쾌한 언어를 평상시 사용하고 있는 경우가 적지 않다. 고객을 화나게 만드는 부주의한 언어에 대해서 즉시 겉으로 표현하지 않고 내심으로 '참 기분 나쁘군!' 하고 두 번 다시 그곳에 가지 않는 사람도 있다. 사람에 따라서는 그것만을 화를 가라앉히지 못하고 주위의 사람에게 그곳에 대해 자신이 당했던 것을 계속 이야기하는 사람도 있다.

이러한 실패는 전 사적으로 고객의 시점에 서서 철저한 경영이 안 되고 있기 때문이다. 그렇게 된다면 그밖의 의료시설 준비에 대한 노력이 물거품이 되는 것이다. 이러한 일이 발생하지 않도록 고객만족의 이념, 생각을 전 종업원이 이해하고 고객만족 향상을 위하여 반드시 필요한 한사람의 요원이 되도록 하지 않으면 안 된다.

고객만족 마인드는 정사원뿐만 아니라 임시직, 시간직, 계약사원, 그리고 관련 회사에까지 넓혀져야 한다.

고객만족 경영에 대한 최고경영자의 정열과 그것을 이해하고 실천하고 종업원이 존재해야 비로소 '고객만족 경영은 성공하게 된다. 고객만족 경영을 어쩔 수 없이 하도록 만든다'고 하는 풍토가 아니라 '우리들의 힘으로 경영을 추진하고 있다'고 하는 단계로 고객의 마음을 육성하면 최고이다.

2) 고객만족 마인드를 납득해야 비로소 진짜가 된다.

고객만족 마인드에 관련해서 일례를 들면, 어느 성을 짓고 있을 때의 이야기이다. 감독감찰원이 돌을 나르고 있는 3명에게 다음과 같은 질문을 하였다. "여보게, 자네는 지금 무엇을 하고 있는가" 하고 물었더니 다음과 같은 대답이 되돌아왔다.

첫 번째 인부 : 저는 돌을 나르고 있습니다.
두 번째 인부 : 저는 벽을 쌓기 위해서 돌을 나르고 있습니다.
세 번째 인부 : 저는 성의 담벽을 쌓기 위해서 돌을 나르고 있습니다.

첫 번째 인부는 단지 돌을 나르고 있는 행위만을 염두에 두고 있으나 세 번째 인부는 무엇을 위하여 돌을 나르고 있는가 하는 목적을 확실하게 자각하고 돌을 나르는 일을 하고 있는 것이다. 일에 대한 자세가 첫 번째와 세 번째 사람 간에는 커다란 차이가 있고 그에 따라 당연히 결과도 커다란 차이가 나타나게 된다.

고객만족 경영에 있어서도 전 사원이 세 번째 인부와 같이 회답할 수 있으면 더할 나위가 없는 것이다.

예를 들면, 침대판매점의 종업원을 향하여 "당신은 지금 무엇을 하고 있소" 하고 물으면 종업원이 "저는 침대를 판매하고 있습니다."가 아니라 "저는 고객의 잠자리를 쾌적하게 하기 위해 침대를 팔고 있습니다."라고 하는 대답이 즉시 입에서 나오게 된다면 그것이 최상이다.

이를 테면, 입으로 표현하지 않아도 내심으로는 단지 침대라고 하는 물체(하드)를 판다는 판매 측의 입장에서의 발상이 아니라 고객의 쾌적한 잠자리를 판다고 하는 고객만족, 즉 고객의 입장에서 생각하는 발상이 요구된다.

Key Point

1. 서비스 고객만족 경영은 왜 필요한가?
   경쟁사회에 있어 차별화된 기술과 서비스를 갖추어야만 살아남을 수 있기 때문이다.
2. FTA 협상 전·후 변화를 직시한다.
3. 서비스 고객 가치의 시대이다.
   이 때 고객 가치 모델의 요소를 염두에 두어야 한다.
4. 고객을 최우선으로 하는 역피라미드형, 즉 받듬형에 변화가 왔다.
5. 최고경영자가 고객만족 경영을 주도하는 것이다. 이 때 버전, 사명, 가치, 목표가 명확히 설정되어져야 한다.
6. SWOT분석과 같은 기법적으로 해결방법이 진행되어져야 한다.

2 만족을 주는 서비스

1 영업 방침은 바로 교육 방침

일례로 일본의 남큐슈의 미야자키현에 있는 버스, 택시회사 미야자키 교통의 예를 들면 다음과 같다. 미야자키 교통은 종업원의 교육이 아주 철저한 뛰어난 서비스 회사로 유명하다.

몇 해 전, 업무차 미야자키 교통의 본사를 방문한 한 인사가 그곳의 교육부장을 만나 여러 가지 이야기를 들었다. 그 때 "귀사의 교육방침이 무엇입니까?" 하고 물었더니, 영업방침과 똑같다는 대답을 하였다. 그래서 이번에는 영업방침이 무엇이냐고 물어보았다. 교육부장은 "첫째, 사고방지, 둘째 접객서비스"라고 대답해 주었다. 이 말은 이미 예상되어 있었기 때문에 계속해서 셋째는 무엇인지 물었더니 그는 "없습니다. 사고방지와 접객서비스, 이상입니다."라고 당연한 듯이 대답하였다.

이 말을 듣고 누구든지 맥이 풀릴 것이다. 왜냐하면, 버스와 택시회사가 사고방지와 접객서비스를 영업방침으로 삼는 것은 당연한 일이며 그 이외의 무엇인가 미야자키 교통의 독특한 것이 있을 거라는 기대가 있었기 때문이다. 그래서 혹자는 "거 참 좋은 방침이군요. 다만 그것을 일선의 운전기사에 이르기까지 철저히 한다는 것은 대단해요."라고 절반은 비아냥대듯이 말했다. 교육부장은 "그렇습니다."라고 긍정하고 뭔가 좋은 생각이라도 있는지 반문하기에 난처했다.

1시간 정도의 예정을 끝내고 서둘러 미야자키 교통의 본사를 나섰다. 그런데 우연히 호텔로 돌아오는 길에 탄 택시가 미야자키 교통 소속이었다. "네, ○○호텔이시라구요." 하면서 운전기사는 행선지를 복창하고 나서 차를 몰기 시작했다. 태도, 말씨 모두 예의 바르고, 교육이 아주 철저하게 되어있는 느낌을 받았다.

그런데 택시의 속도가 아주 느리다는 것을 느끼고, 문득 운전석의 스피드 미터를 보니 정확히 40km이며, 길옆의 제한속도 표지와 똑같았다. 조금전 교육부장으로부터 들은 사고방지 영업방침 그대로이다. 역시 다르군! 하면서 이번에는 이렇게 물어보았다. "지금은 호텔로 향하고 있지만, 만약 공항에 갈 때, 집에서 나오는 것이 10분 정도 늦어서 비행기 시간에 대지 못할지도 모르니까, 미안하지만 50km로 속도를 내달라고 부탁한다면 기사님은 그렇게 해주시겠어요?"

운전기사는 난처한 듯 잠깐 생각하더니 다음과 같이 대답하였다. "이곳은 길이 혼잡하므로 40km 이상은 속도를 내지 않습니다. 사고라도 나면 안 되기 때문이죠."

"그렇다면 손님은 비행기를 탈 수 없는데요."

"아닙니다. 걱정마세요. 이 길을 가다가 왼쪽으로 돌면 공항으로 이어지는 넓은 길이 나옵니다. 그곳은 제한속도가 50km인데 60km로 달리겠어요. 자동차가 적기 때문에 우선 사고가 날 염려는 없습니다. 그렇게 하면 오히려 10분 정도 빨리 도착한답니다."

"과연 미야자키 교통이군." 하면서 마음으로부터 고개가 숙여짐을 느낄 수 있었다. 조금 전에 교육부장이 들려준 영업방침이 바로 이 일선 운전기사의 입에서 그대로 우러나온 것이다. 즉 첫 번째가 사고방지이다. 차가 붐비므로 속도를 내지 않는다고 한다. 그렇다면 집에서 10분 늦게 출발한 손님은 비행기 시간에 늦지 않게 도착할 수 없지 않겠는가라는 질문에, "이 앞, 넓고 차가 적은 길에서 60km로 속도를 내겠습니다. 그렇게 하면 오히려 10분 빨리 도착합니다."고 말한다. 우리는 여기서 서울~인천 간의 총알택시와 비교하면 될 것 같다.

2 점포 앞을 지나는 사람은 모두 고객

업무관계로 차를 타고 여기저기 돌아다니는 한 고객이, 길을 잃어버리면 주유소에서 물어보는 습관이 있다. 왜냐하면 편의점 등에서 길을 물어봐도 되지만 어쩐지 미흡한 점이 있기 때문이다.

"교차로에서 좌회전하면 바로 그곳입니다."라고 해서 막상 가보면 좌회전 금지표지가 나오기도 한다. 땀을 펄펄 흘리면서 U턴 지점까지 찾아가 다시 돌아오면 바로 그곳이어야 할 빌딩을 잊어버리고 만다. 그런데 주유소에서 길을 물으면 이런 실수는 하지 않는다. 역시 평소부터 차를 타고 다니는 사람과 그렇지 않은 사람은 감각부터가 다르다.

그러나 주유소의 종업원은 차에게는 아주 신경을 쓰지만, 주유소의 앞을 지나다니는 보행자에게는 별로 주의를 기울이지 않아서 불쾌감을 줄 때가 가끔 있다.

우리가 흔히 볼 수 있는 광경인데, 급유를 마친 자동차가 주유소에서 나오려고 하면, 주유소의 종업원이 보행자를 손으로 막고 자동차를 차도로 나가도록 안내한다. 이것은 고객에 대한 서비스로서 당연한 일인지는 모르겠으나 문제는 그 다음이다.

차도로 나온 자동차의 주인에게는 정중하게 인사의 말을 한 주유소 종업원은 자신이 정지하게 한 보행자에게는 아무런 감사의 인사도 없이 그 자리를 떠나버리는 경우가 있다. 이래서는 안 된다. 보행자는 얼마나 불쾌감을 느끼겠는가.

우리 속담에 "말 한마디로 천 냥 빚을 갚는다."는 말이 있듯이 "죄송합니다."랄지 "감사합니다."라는 인사말을 보행자에게 전하면 어떨까.

보행자 가운데에도 자동차를 운전하는 사람이 많다. 그 사람들의 기분을 상하게 해서 어떻게 그 주유소가 번창하기를 바라겠는가. 꼭 이 경우뿐만 아니라도, 근처 사람들의 성원과 호의가 없이는 그 점포가 번영한다는 것은 어려운 일이다.

3 판매한 다음까지의 세심한 배려

어느 더운 여름날, 한 고객이 외출했다가 돌아오는 길에 문득 바라본 길모퉁이 제과점의 쇼트케이크가 아주 먹음직하게 보였다. 이 고객은 귀여운 그의 딸이 아주 복스럽게 먹는 모습을 상상하면서 그 제과점에 들어가 여러 개의 케이크를 상자에 담아 주도록 부탁하였다.

고객을 맞이한 20세 정도의 건강미가 넘치는 제과점의 종업원이 "선물을 하실 건가요?" 하고 물었다. "아니, 그냥 우리 딸아이에게 주려고 해." 종업원은 "그렇다면, 이쪽의 서비스 상자에 넣어드리겠습니다." 하면서 상자에 케이크를 넣어주었다. 그리고 "실례지만 손님, 댁의 주소는 어떻게 되나요?" 하면서 물어보았다. 고객은 생각하기를, 이 제과점에서 고객조사라도 하고 있겠지 생각하고 주소를 적어 주었다.

포장을 마친 종업원은, "오래 기다리셨습니다." 하면서 케이크 상자를 꺼내오며, 다음과 같은 말을 덧붙였다. "큼직한 드라이아이스를 넣어 두었기 때문에 댁까지 충분하리라 생각합니다만, 즉시 냉장고에 보관하셨다가 드세요." 이야기가 여기까지 진행되고 나서야 그녀가 어째서 자기의 주소를 물어보았는지 그 이유를 이해함과 동시에 종업원의 자상한 마음씨에 감사하였다. 그 덕분에 딸은 물론 고객의 가족 모두가 아주 맛있게 쇼트케이크를 먹었다며, 오늘 저녁에도 또 들리겠다고 한다.

요즘에는 여름에 케이크를 사면 드라이아이스를 넣어 주는 것이 상식처럼 되었지만, 위의 이야기는 좀 오래된 일이어서 당시로서는 특이하였던 것이다. 그만큼 고객의 기쁨이 컸음이 틀림없다. 흔히 제과점에서 쇼핑을 하면 종업원이 상자에 차곡차곡 담은 과자를 건네주면서, "옆으로 눕히지 않도록 들고 가십시오." 라고 주의를 주기도 하는데, 이것 역시 친절한 어드바이스라 할 수 있다.

4 고객 접근의 시의 적절성

일례로 한 고객이 집의 건물을 증축해서 주방을 개조, 다이닝 키친을 만들게 되었다. 그러나 이 고객은 주방과 식당이 같이 있으면 식사를 안정된 분위기에서 할 수 없지 않느냐는 걱정을 하고 있었고, 부인은 식기선반으로 주방과 식당을 구분하면 된다고 주장하였다. 더욱이 그 식기선반은 해치(hatch : 부엌과 식당 사이에 만들어 놓은 요리의 출입구) 부착이 잘되어 있어서 아무렇지도 않다고 했다.

이 고객은 유감스럽게도 모든 남성이 그렇듯, 해치 부착 식기선반에 대해서 거의 지식을 가지고 있지 않았다. 그래서 그는 퇴근길에 어느 대형 가구점에 들러 보았다.

입구에 서있던 젊은 남자 종업원이 "어서 오십시오. 손님" 하면서 상냥하게 인사하였다. 고객은, "이건 뭐야? 그냥 보려는데 성가시게"라고 마음속으로 중얼거렸다. 예상했던 대로 종업원은 식기선반을 보려는 고객의 뒤를 따라왔다. 고객은 식기선반을 구경하러 왔을 뿐 구매할 의사는 전혀 없었다.

그래서 고객은 종업원이 따라붙지 못할 빠른 걸음으로 가구점 안을 걸어 다니며 해치가 부착된 식기선반을 구경하였다. 그리고 해치 부착 식기선반이라는 것이 양면에서 사용할 수 있는 식기선반이며, 한 가운데 개구부가 있어 거기서 요리 등의 출입이 가능한 아주 편리한 것임을 알게 되었다.

고객이 바쁜 걸음으로 대충 둘러보고 출구로 나가려는데, 종업원이 이렇게 말했다. "손님, 해치부착 식기선반은 이쪽에도 몇 가지가 있습니다." 갑자기 고객의 걸음이 멈추어졌다. 그리고 종업원이 안내하는 대로 안쪽에 있는 식기선반 코너로 가서 종업원의 설명에 귀를 기울이고 식기선반에 관한 지식을 공부하게 되었다.

이 고객은 종업원에게 감사를 표하고 나서, "실은 식기선반은 제 집사람이 결정하므로 나는 결정권이 없답니다." 하고 정직하게 말하니, 종업원은 "지당하신 말씀입니다." 하고 이해하면서, "모쪼록 부인께서도 내방하셔서 둘러보시도록 전해 주십시오. 저는 식기선반 담당 ○○○라고 합니다."라고 하면서 명함을 주었다.

이 고객은 집에 돌아와 그 이야기를 부인에게 들려주었고, 부인과 그 가구점을 방문하였다. 결국 그 종업원의 권유로 멋진 해치부착 식기선반을 구입하였다.

5 재치를 살려 고객을 만족시키기 위해

어느 제과점에서 쇼핑을 하고 있었을 때의 일이다. 중년의 부인이 들어와 선물할 과자를 선택하고 나서, "이걸 해외로 가져갈 것인데, 그때까지 신선도를 유지할 수 있나요?" 하면서 확인하듯 물어보았다.

이것은 어려운 질문이다. 왜냐하면 해외라고 해도 국가에 따라서 다르고 기온의 차, 또는 체재기간에 따라 다르기 때문이다. 종업원은 별도의 상품을 보여주며, "이쪽 상품은 특수한 팩으로 포장되어 있기 때문에 1개월은 충분히 신선도를 유지할 수 있습니다. 이쪽 상품은 어떻습니까?" 하면서 권했다. 훌륭한 응대방법이라 감탄했다.

이 제과점에서 산 생과자는 포장을 열면 모든 상품의 계절별 신선도 유지 일수가 일람표의 형태로 정리되어 있다. 그런데 쇼핑을 마치고 그 제과점을 나서려고 할 때, 단골손님인 듯한 남자 손님이 들어왔다. 그는 과자 꾸러미를 내놓더니, "이것은 며칠 전에 구입한 답례용 과자인데 한 상자가 남았어. 이것을 새 걸로 바꾸어서 내가 잘 아는 사람에게 주고 싶어. 답례용 포장으로는 곤란하잖아? 보통 포장지로 바꾸어 주게."라고 부탁하는 것이었다.

이것은 곤란한 문제였다. 왜냐하면, 손님의 부탁대로 새로운 포장으로 바꿔주면 그 과자를 받은 사람이 이러한 경위도 모르고 "이런 오래된 과자를 팔아먹는 점포가 있다니!" 하면서 점포의 신용을 떨어뜨리는 결과를 초래하기 때문이다. 따라서 당연히 이런 부탁은 거절해야 하는 것이다. 그러나 상대가 단골손님일 경우에는 그렇게 간단하게 거절할 수가 없는 것이다.

이 제과점의 책임자는 종업원으로부터 이야기를 듣고는 곧 나와 "손님 매번 감사합니다." 하고 인사하더니 "포장을 다시 해달라고요? 네, 잘 알았습니다."라고 책임자는 흔쾌히 그 부탁을 받아들이면서 "단, 날짜표시는 판매한 날짜로 할 것입니다. 괜찮겠죠?" 하면서 확인하듯 물었다. 그 손님도 좋다고 하였다. 이 역시 훌륭한 응대였다.

접객판매에 관해서는 고객의 요망사항은 가능한 한 수용해 주어야 한다는 것이 서비스의 기본이다. 특히 단골고객인 경우는 거절을 하면 그 다음의 판매에 지장을 줄 우려가 있다. 그러나 점포의 사정상 또는 영업방침상 고객이 원하는 대로만은 불가능한 경우도 있다. 이럴 때 규칙에 따라서 단순히 거절만 할 것이 아니라 뭔가 편의를 줄 방안을 모색해 주어야 한다.

여기서, 이 제과점의 책임자는 고객의 요망대로 포장을 다시 해주지만, 날짜만큼은 판매일자(구입일자)로 한다는 아주 좋은 방법을 선택하였다. 이것이 재치인 것이다.

6 손님을 끌어당기는 테크닉

서울 인근의 커다란 역에 있는 쇼핑센터에 보통의 생선초밥집이 있는데 집에 가져 갈 수 있도록 포장도 해준다. 이 점포의 앞과 양 옆에는 전국에 체인점을 갖고 있는 유명한 초밥집으로 둘러싸여 있으므로 별로 이름이 통하지 않는 이 초밥집은 입지가 불리하다고 할 수 있다.

그런데 이상하게도 주위의 유명 체인점의 앞에 손님이 없을 때일지라도 이 초밥집의 앞에는 서너 명의 손님이 주문한 초밥이 만들어져 나오는 것을 기다리고 있는 것이었다. 과연 맛이 유별나게 있는지 생각하고 시험삼아 먹어 보았지만, 맛은 보통이며 가격도 그다지 저렴하지 않았다. 그래서 유심히 관찰해 보았더니, 이 점포는 통로에 접하고 있어 쇼케이스가 2대 놓여져 있고 여자 종업원 2명이 배치되어 접객을 하였다. 그리고 가게 안쪽이 조리실이며 젊은 요리사 2명이 초밥을 만들었다. 몇 번이나 그곳을 다니면서 잘 관찰해보니, 어떤 종류의 초밥 도시락을 사는 경우라도 기다리는 시간은 모두 3~4분이라는 사실을 알게 되었다.

그 이유는 손님이 몇 상자를 주문하더라도 한 상자는 반드시 주방의 요리사에게 종업원이 의뢰해서 그 자리에서 만들게 하고, 그것이 다 만들어지면 조리실 앞에 이미 만들어져 쌓아 둔 초밥 상자에서 필요한 수량만큼을 꺼내어 함께 비닐봉지에 넣어 손님에게 건네준다. 이렇게 하면 주문 수량에 관계없이 기다리는 시간이 항상 같아지며, 그것이 3~4분이라면 대부분의 손님을 지루하지 않게 할 수 있는 것이다.

이러한 판매 전략으로 이 가게 앞은 항상 기다리는 손님으로 북적거리고 지나다니는 사람들도 그것에 끌리어 "역시 맛있게 보이는 초밥이군!" 하면서 사가는 것이다. 이러한 이 초밥집의 고객 대기 전략은 훌륭하게 들어맞았다고 할 수 있다.

Key Point

1. 영업방침을 이해하고 일상적인 접객 내에서 구체적으로 표현하면 손님은 만족을 취한다.
2. 어떤 종업원의 서비스 기술 수준이 높다고 가정하였을 때, 이 종업원은 거만해지기 쉽다는 것이다. 참된 서비스요원으로서의 사명을 다해야 한다.
3. 점포 앞을 그냥 지나가는 사람도 미래의 중요한 고객임을 알아야 한다.
4. 물품을 판매한 다음 단계까지 세심하게 살피면서 판매에 임해야 한다.
5. 고객의 구매심리를 촉진시키는 말과 서비스는 쉽게 만들어지는 것이 아니다. 고객의 기쁨과 슬픔을 자신의 것으로 이해하고 공감을 가지도록 노력해야 한다.
6. 상품제시에 있어서 한 번 사용해 보게 하거나, 또는 흥미를 가지게 하기 위해서는 상품 정리를 하면서 움직임을 보여준다. 이것이 세일링 포인트이다.
7. 서비스에 있어서 재치 있는 심리작용으로 고객을 조금이라도 유리한 입장에 설 수 있도록 하는 것이다.

3 적절하지 않은 서비스

1 종업원은 요리의 운반인?

한 손님이 친구와 함께 어느 빌딩에 개점한 레스토랑에 식사를 하러 들어갔다. 스테이크를 주문하니 여자 종업원은 "저 쪽에서 샐러드를 원하는 만큼 가져가세요."라고 하면서 가게 안의 한쪽 구석을 손가락으로 가리켰다.

샐러드 바에는 여러 가지 종류의 샐러드가 차려져 있었고 접시는 아주 깨끗하게 소독이 되어 있었다. 두 사람은 자기가 좋아하는 샐러드를 접시에 가득 담고, 4종류의 드레싱 중에서 어느 것을 고를지 생각하고 있었다.

마침 그곳에 남자 종업원이 오더니 "손님, 어느 것을 고르시는지 아셨습니까?"라고 이 손님에게 물었다. 그가 "뭐가 뭔지 모르겠는데…"라고 대답했더니, "이쪽이 사우전드 아일랜드, 이쪽이 프렌치 드레싱, 이쪽이 이탈리안 드레싱, 그리고 이것이 블루치즈의 드레싱입니다."라고 하면서 일일이 설명해 주었다.

이 손님이 "드레싱의 이름은 각기 스푼에 쓰여 있으니까 구태여 말을 안 해도 안다네. 내가 알고 싶은 것은 각 드레싱의 맛이야"라고 말하니, 종업원은 "저는 아직 먹어본 적이 없어서요." 하면서 그 자리를 떠났다.

별 수 없이 이 손님은 친구에게 "블루치즈의 드레싱은 습관성이 될 우려도 있고, 무난한 것은 사우전드 아일랜드가 어떨까" 하고 이야기하고 있는데, 다른 종업원이 와서 다시 설명하였다. 다시 손님이 맛에 대한 설명을 원한다는 말을 듣자, 이번에도 맛은 잘 모르겠다며 가버렸다.

개점한지 얼마 안 되는 식당인지라 모든 것이 익숙지 않다고 치더라도, 정말 해도 너무하는 종업원들이라는 생각에 손님은 모든 것을 포기하였다. 적어도 드레싱의 맛 정도는 종업원 모두가 맛을 보고 손님에게 설명할 수 있을 정도의 공부를 해두지 않는다면 서비스요원으로서의 자격이 없다고 할 수 있다.

2 자신이 없는 종업원과 자신감이 넘치는 종업원의 차이

어느 아동복점에서 중년의 신사가 4세 정도의 여아복을 고르고 있었다. 선물할 것이었지만 모든 남성들이 다 그렇듯 상품에 대해서 잘 모르고 치수도 어떻게 고르는지 몰라서 고민인 나머지 젊은 종업원과 여러 가지로 상담하였다. 그런데 이 종업원이 약간 자신이 없는 응대를 하였다.

"이 3가지 가운데 어느 것이 가장 깜찍한 옷일까."

"글쎄요. 역시 좋은 것이 좋은 것이라고…(어물어물)"

"그러니까 종업원의 의견을 듣고 싶다는 거지."

"글쎄요. 이 옷을 입을 아이의 취향도 있겠고…(어물어물)"

그 손님은 차츰 어쩔 수 없다는 표정으로 변해가고 있었다.

"아, 이건 가정에서 물세탁이 가능하군 그래."

"글쎄요. 하지만 드라이클리닝을 하시는 편이 안전하지 않겠어요?"

"아가씨! 어린이옷을 하나하나 드라이클리닝을 할 수 있겠어? 아, 여기에도 물세탁이 가능하다는 마크가 붙어있군."

종업원은 꿀먹은 벙어리가 되었다.

"그런데 이 옷의 사이즈가 만약 맞지 않는다면 바꾸어 주겠지? 확실하지?"

"네네, 아마 확실하리라 생각합니다만."

"아니, 아마가 뭐야. 안에다 교환권이라도 넣어줘."

이 종업원은 솔직한 느낌을 주는 사람이지만 태도도 그렇고, 자신도 없어서 손님의 입장에서 당혹감을 느꼈을 것이다. 만약 그녀가 신입사원이라면 빨리 선배로부터 노하우를 전수받아 고객으로 하여금 안심하고 쇼핑할 수 있도록 해야 한다. 그러나 만약 신입사원이 아니라면 상품지식에 대한 공부를 빨리 하지 않으면 가게의 신용이 실추될 우려가 있다. 아니면, 그런 사람은 성격이 내성적일지도 모른다.

이와 반대로 너무 자신이 넘쳐 고객의 기분을 무시하고 억지로 강매하는 종업원을 가끔 만나게 되는데, 이것 역시 곤란하다.

3 은행창구가 붐빌 때의 접객 순서

일례로 12월 말일의 오후, E씨는 근무처의 휴식시간에 근처의 은행에 예금을 인출하기 위해서 갔다. 내일부터 연휴로 이어지기 때문에 은행은 고객으로 붐볐다.

휴식시간을 잠깐 이용하여 나왔기 때문에 너무 오래 기다리면 업무에 지장을 초래한다. 안절부절 못하면서 긴 의자에 앉아서 대기하고 있는데, 접객의 순번이 뒤바뀌고 있다는 사실을 알아차리게 되었다. 왜냐하면 자기보다 나중에 온 세 사람 정도가 먼저 호명이 되어 일을 처리하고 돌아가는 것이었다.

고객이 붐벼서 기다리는 것은 어쩔 수 없는 일이라 하더라도 자기보다 나중에 온 고객이 먼저 일을 마치고 간다는 것은 불쾌한 일이었다. "좋아. 저 창구의 남자행원에게 예금을 찾으면 한마디 해주어야지." 하면서 내심 생각하였다.

드디어 E씨의 차례가 되었다. 남자행원은 금액을 확인하고 예금을 건네주면서 "○○상사에서 오셨군요."라고 말하면서 이 고객의 양복에 달려있는 배지를 바라보았다. "12월 그믐날까지 일하시다니 정말 고생이 많으시군요." 하면서 동정하듯 말하였다. 이 말을 듣고 이 고객은 "우리야 소매업이니까 그믐날까지 영업을 하는 것은 당연하지만, 이 은행이야말로 늦게까지 영업을 한다는 건 정말 대단합니다."라고 하면서 상대의 노고를 위로하였다. 그리고 마지막으로 "자, 우리 모두 건강하게 새해를 맞이합시다."라고 인사를 하고 은행을 나왔다.

밖으로 나와서 몇 걸음을 걸었을 때, 이 고객은 뭔가 이상한

듯 걸음을 멈추었다. 그래! 아까 그 창구의 남자 은행원에게 순번을 지켜달라는 말을 잊고 말았다는 것을 알게 되었다. 다시 은행으로 되돌아가서 그 말을 해줄까 하고 생각했지만 그것도 점잖지 않다고 마음을 고쳐먹고 그대로 돌아왔다. 그리고 길을 걸어가면서 그 은행원은 이 고객이 자기의 순번이 뒤로 밀려서 불쾌감을 느끼고 있음을 알아차리고 그런 이야기를 하였는지, 아니면 아무런 눈치도 채지 못하고 그런 말을 하였는지를 곰곰이 생각해 보았다.

만약 전자의 경우라면 그는 상당한 접객의 베테랑임에 틀림없으며, 후자의 경우라면 정말 무사태평한 창구직원이라 생각하였다. 아마 그는 후자에 속하지 않았나 하고 그 후에도 생각하였다.

접객의 순번을 지키는 것이 서비스 평등화 원칙의 하나라는 것을 이미 이야기한 바가 있다. 그리고 만일 이 원칙이 무너졌을 경우, 또는 서비스의 제공자 측에서 부주의로 순번을 어기고 접객하였을 경우에 순서가 뒤로 밀린 고객은 반드시 불쾌한 표정이나 태도를 취한다.

그래서 그 사실을 알게 되면 "정말 죄송합니다. 즉시 처리해드리겠습니다."라고 먼저 사과하는 것이 중요하다. 그러나 이 은행원처럼 능숙한 대화로 고객의 불만을 잠재워버리는 것도 또 하나의 수단이라 할 수 있다.

4 타성에 젖어 있지 말라

가까운 친척의 결혼식이 있어서 길일을 택하여 백화점에 축하 선물을 사러 갔다. 함께 간 숙모와 이것저것 상품을 고르다가 겨우 마음에 들만한 물건을 골라 대금을 지불한 다음 추가선물용으로 포장해 주도록 부탁하였다.

그런데 종업원은 포장을 하면서 동료의 부친이 사망한 것에 대해서 동료들과 잡담을 하고 있었다. 사망원인과 입원기간, 고통스러웠던 그 순간순간을 아주 드라마틱하게 이야기하는 것이었다. 숙모님은 "일부러 길일을 택해서 왔는데, 이런 재수 없는 말을 하다니!" 하면서 매우 격분하였다. 비단 백화점뿐만 아니라 이러한 경우 무신경한 대화는 고객의 마음을 상하게 한다.

이것은 모 신문의 독자 투고란에 게재된 21세 여성의 이야기이다. 백화점의 종업원에도 이런 무신경한 사람이 있어서 매우 개탄했다는 내용이었다.

고객의 면전에서 포장을 할 때에는 어느 점포에서나 '신변잡담은 금지'되어 있을 것이다. 그런데 포장은 손으로 하기 때문에 입이 심심해서 잡담을 하게 되는 것이다. 더욱이 고객의 면전에서 포장을 한다면 잡담하는 내용이 그대로 고객의 귀에 들어간다. 신변잡담이라는 것을 아무렇지도 않게 생각하면 이것이 타성이 되어버려 고객을 고객으로 생각하지 않는 무신경이 되어서 나타나게 된다.

타성에 젖으면 판매활동에 무서운 결과로 나타난다. 다시 말해 업무에 성실하지 못할 때 생긴다. 타성은 바로 무성의로 이어지기 때문이다. 이 현상은 모든 점포에서 다 나타나는데 정말 주의해야 할 사항이다.

5 무책임한 말만 한다면

불혹의 나이를 넘은 한 손님은 남보다 갑절로 멋을 내는 데에 신경을 쓰는 데도 자신에게 센스가 없다는 것을 잘 알고 있다. 그래서 의류를 살 때는 가능한 한 베테랑 종업원을 찾아서 그의 의견을 물어 어드바이스를 존중해서 권유하는 상품으로 구입하는 것이 그의 습관이다. 그런데 가끔 무책임한 종업원이 있어 아무리 보아도 손님에게 어울리지 않는 옷을 자기중심으로 생각하여 강권하는 바람에 불쾌한 경우가 있다.

며칠 전에도 어떤 점포에서 화장을 짙게 한 젊은 종업원이 넥타이 하나를 아주 잘 어울린다며 강권하였다. 그래서 손님은 다른 넥타이를 손에 들고 "이건 어때" 하고 물었더니, 그녀는 "그것도 아주 잘 어울립니다."라고 대답하는 것이 아닌가. 그렇다면 "이건 어때" 하고 이번에는 손님 자신이 조금도 어울리지 않는다고 생각하는 넥타이를 들고 일부러 물어보았다. 그랬더니 그 여자 종업원은 립스틱을 짙게 바른 입으로 "그것도 아주 잘 어울려요."라고 천연덕스럽게 대답하는 것이 아닌가?

물건을 팔려는 마음에 그런 무책임한 말을 하는 종업원에게 화가 난 손님은 "모두 다 어울린다면 지금 매고 있는 이 넥타이로도 충분해!"라고 비꼬듯이 이야기하고 그 가게를 나와 버렸다.

그런데 손님의 친구가 넥타이를 살 때는 다음과 같은 구입방법을 쓴다고 한다.

종업원이 권하는 넥타이 가운데에서 비교적 무난한 것을 "역시 좋군." 하면서 종업원의 의견을 일단 받아들인다. 그 다음에 그와 유사한 것을 골라내어 "이것도 좋아." 하면서 종업원의 동의를 구한다. 만약 그녀가 "네, 그것도 좋아요."라고 말하면서도 자기가 권한 넥타이를 "하지만 손님의 와이셔츠, 양복에는 이쪽이 딱 어울린다고 생각해요."라고 자신 있게 권하면 상당히 신뢰할 수 있는 것으로 받아들인다고 한다. 그래서 다른 친구는 "그럼 이것은?"이라고 전혀 다른 디자인의 넥타이를 들고 한 번 더 종업원에게 물어본다. 종업원이 그것을 보고 "아니에요. 그건 색의 계통이 전혀 달라서 사지 않는 편이 좋을 겁니다."라고 대답한다면 이 종업원의 센스와 어드바이스는 확실한 것이어서 권하는 상품도 신뢰해도 좋다는 결론을 내려 그녀가 처음에 권한 넥타이를 산다는 것이다.

이와 같이 세상에는 여러 가지 구매방법을 택하는 손님이 있다.

① 종업원을 전혀 신뢰하지 않고 자신의 센스와 견해로 상품을 선택하는 사람
② 종업원과 상담해서 그 의견을 들으면서 상품을 선택하는 사람
③ 종업원은 전문가이기 때문에 모두 일임하는 편이 좋은 상품을 살 수 있다고 생각하는 사람

등 여러 가지 부류의 사람들이 있다.

이 가운데에서 종업원에게 있어서 특히 주의해야 하는 것이 ②와 ③에 해당하는 고객이다. 이 두 종류의 고객은 종업원의 의견을 들어주므로 얼핏 보면 응대가 편할 것 같지만, 실은 오히려 신경을 써서 상대해야 하는 것이 이러한 고객들이다. 즉 대화중에서 또 그 복장이나 휴대품을 관찰해서 고객의 취향과 취미를 간파해서 상품선택을 잘 도와줄 필요가 있다.

그러나 친절하고 정중하게 응대하고 센스가 뛰어나며, 더욱이 고객의 취향에 맞는 상품을 골라주면 마음으로부터의 신뢰를 받을 수 있다.

모순된 서비스

1) 진정한 서비스를 위한 3가지의 만족

일반적으로 서비스라고 불리어지고 있는 것 중에 잘 관찰해 보면 실제로는 서비스라고 말할 수 없는 서비스, 즉 모순된 서비스가 있다. 그 하나는 누군가가 손해를 보는 것 같은 서비스이다. 누군가가 득을 보고 한편으로는 누군가가 손해를 보는 것 같은 행위는 본래 의미에서의 서비스는 아니다. 진정한 서비스라는 것은 그 속에 관련된 모든 사람이 만족할 수 있는 것이 아니면 안 되는 것이다.

진정한 서비스를 실행하기 위해서는 3가지 만족의 실현이 필요하다. 이 3가지의 서비스라는 것은 'CHE'의 첫 글자로 표현될 수 있는 것이다.

즉 'C'는 고객의 만족(Customer Satisfaction), 'H'는 환대산업(Hospitality Satisfaction), 그리고 'E'는 종업원의 만족(Employe Satisfaction)이다. 이 3가지가 만족할 수 있는 수준이라야 비로소 진정한 서비스라고 말할 수 있다. 반대로 말한다면 이 3가지 중에 한 가지라도 결여되어 있다면 진정한 서비스라고 볼 수 없고 최종적으로 고객의 만족에도 연결되지 않는다.

2) 형식적인 서비스는 안 된다.

'희생물적인 서비스'와 같이 모순된 서비스로서 '외관적인 서비스'가 있다. 종업원이 매뉴얼 그대로 고객을 응대하는 것 같은 경우를 가리킨다.

고객이 오면 "어서 오십시오. 이곳에 앉으십시오."라는 정해진 말투로 안내를 한다. 매뉴얼에 그런 식으로 정해져 있기 때문에 그러한 말투로 말하는 것뿐이고, 본인은 진정한 마음으로 "어서 오십시오."라는 마음가짐은 되어 있지 않다. 기계적으로 입에서 나오는 인사와 태도, 바로 이것이 '외관적인 서비스'이다.

매뉴얼에 따른 것만의 외관적인 서비스이기 때문에 사태가 발생한다면 대처해 나갈 수 없다. 앵무새처럼 흉내 내어 "조금만 기다리십시오."라고 말하는 것뿐이어서 진정으로 고객 접대의 마음가짐이 되어 있지 않기 때문에 고객이 두세 번 부탁하지 않으면 한 가지의 일도 해결되지 않는 것이다. 이것은 극단적인 예처럼 생각되어지지만, 실제로 이러한 '외관적인 서비스', 겉으로는 정중해 보이나 실은 '무례한 서비스', '형태만의 서비스'가 적지는 않다.

3) 고객위주로 서비스하라.

세 번째의 모순된 서비스는 고객을 위해서라고 하면서 실제로는 고객을 위한 것이 아니라 자신들이 편해지려고 제공하고 있는 서비스이다. 예를 들어, B라는 병원에서는 환자의 급식실태 조사를 실시하고 있다. 그 병원의 종업원의 말에 의하면, 조사의 목적은 고객에 대한 급식서비스 향상을 위한 것이라고 하지만 실제로는 예를 들어, 한 환자 당 어느 정도의 양을 주어야 하는가? 그리고 고객이 별로 먹지 않는 재료의 수를 어느 정도로 줄일 것인가라는 것에 의해 조사의 결과가 사용되는 경우가 많다고 한다. 이러한 것 등은 '고객을 위해서'라고 하면서 일부 병원의 코스트만을 줄이기 위해 시행하고 있는 '모순된 서비스'의 좋은 예이다.

이런 식으로 본다면 서비스화 시대라고 말하면서 많은 모순된 의료서비스가 활개를 치며 통용되어지고 있다는 것을 알게 된다. 그 결과, 고객에게 불만족감과 스트레스를 주는 결과로 되어지고 있다.

4) 보호받는 환대업은 서비스 수준이 왜 낮은가?

일례로 서비스 보급률이 아직 그렇게까지 높지 않거나 각종 규제로 보호되어지고 있는 병원계에서는 병원 간의 경쟁이 그렇게까지 치열한 것은 아니기 때문에 제공되는 의료서비스에 대해서도 낮은 수준이 통용되고 있다. 또한 이러한 부서에서는 코스트로 취급하는 경향이 있다.

서비스는 비용이 드는 것으로 코스트 다운을 위해서는 서비스 비용은 될 수 있는 한 삭감하고 있다고 생각하는 것도 서비스를 수동적인 것으로 여겨 후추형(後追形)의 서비스밖에 제공하고 있지 않기 때문이다.

서비스는 요구된 후에 제공한다. 발행한 후에 대응한다는 수동형이어서는 안 된다. 어디까지나 이쪽에서부터 적극적으로 제안하여 제공하는 것, 실행해가는 것이 기초적인 서비스이다. 다시 말하면 활동적인 것만이 서비스이고 수동적인 것은 서비스가 아니다는 것을 확실히 이해해 두지 않으면 안 된다.

본래 서비스는 '또 다른 하나의 상품'이기 때문에 적극적으로 제공을 계속해 가지 않으면 안 된다. 그렇게 생각한다면 서비스를 코스트다운의 대상으로 여기는 발상은 절대로 나와서는 안 된다.

5) 코스트다운의 발상은 서비스 저하를 초래한다.

서비스를 상품으로 생각한다면 고장 수리와 클레임에 드는 비용을 삭감하려는 발상이 아니라 완전히 틀린 발상이 될 것이다. 다시 말하면 '서비스라고 하는 상품을 판매하는 것에 의해 더욱 매상을 올리자', '비용이 든다면 서비스로 그 이상의 성적을 올리자', '서비스를 위한 비용이 비싸게 들더라도 그것에 의해 균형 잡힌 업무성적이 올라간다면 그것은 적절한 코스트로 취급되어도 좋을 것이다.' 코스트다운의 발상으로 서비스를 취급한다면, 언젠가는 의료서비스의 질은 쇠퇴해 갈 수밖에 없을 것이다. 그것이 종업원의 사기에도 영향을 준다. 코스트다운에 의해 눈에 보이지 않는 부분에서 종업원의 의욕을 떨어뜨리게 하는 결과가 발생하는 것이다.

반대로, 서비스를 상품으로 생각한 경우에는 앞에서 지적한 것처럼, 다소 비용이 들더라도 그것은 필요 코스트이고, 그것에 의해 성과가 오른다면 좋다는 판단이 가능하다. 그것에 의해 병원 내에 진취적이고 적극적인 분위기가 생겨날 것이다. '서비스만이 제2의 훌륭한 상품이다'라는 시점이 절대적으로 필요한 것이다.

Key Point

1. 가령 식당에서 종업원은 요리의 단순한 운반인이라는 인식은 잘못된 것이다. 즉 음식의 내용과 맛 등을 숙지하고 임해야 한다.
2. 의류인 경우 고객의 신체에 맞는지의 여부를 확인하거나 맞지 않을 경우 기분 좋게 반품을 받아주어야 한다.
3. 상품지식에 대하여 충분히 숙지하지 않고서는 센스를 향상시킬 수 없다. 결과적으로 자신 있게 상품을 권유할 수 없다.
4. 우선 접객순서를 준수하는 것이 중요하다. 만일 순서가 맞지 않을 경우에는 사과 등을 하면서 적절하게 대응해야 한다.
5. 상품판매에 있어 지식을 숙지하고 책임감 있게 답해야 한다.
6. 서비스에서 현상유지는 퇴보라는 사실을 기억해야 한다.

4 능숙한 불만처리

1 불만이 있다면 신용의 증거

여기서 말하는 불만이란, 제공한 상품과 서비스에 대한 고객의 불만이라는 일반적인 견해가 있는데, 과연 그럴까?

한 손님이 근처 문화센터에 행사가 있어서 아이를 데리고 갔다. 행사를 마치고 돌아오는 길에 노점에서 5,000원을 주고 장난감 자동차를 구입하여 그것을 아이에게 주었다. 그런데 다음날, 아이가 취급을 잘못한 탓인지 기어가 잘 물리지 않아 움직이지 않게 되어 버렸다. 울상을 짓는 아이에게 "어쩔 수 없다. 길거리 표 자동차니까 말이다. 싼 게 비지떡이야. 이 아빠가 새로 사줄테니 걱정 말아라." 하면서 아이는 정작 속이 상한데 웃으면서 말하였다.

그리고 며칠이 지나서 직장 근처에 있는 완구점에서 똑같은 자동차를 보고 그것을 사다주었다. 아이는 무척 기뻐하면서 가지고 놀았지만, 다음날 또 고장이 났다. 화가 난 이 손님은 그 다음날 완구점에 가서 불평을 터뜨리고 새로운 자동차로 교환하였다.

여러분은 이 이야기를 어떻게 생각하고 있는지. 똑같은 장난감을 샀는데 노점에서 산 완구라고 웃고 지나쳐 버리고, 전문 완구점에는 소비자 불만을 토로하는 이 손님의 심리상태를 어떻게 이해하여야 할까?

똑같은 장난감이 한 번도 아닌, 두 번씩이나 고장이 났다는 사실에 화가 난 것도 있지만, 사실은 노점과 전문점에 대한 기대치와 신뢰도의 차이라 할 수 있지 않을까 싶다.

행사장 주변에 즐비하게 늘어서 있는 노점에는 노점으로서의 낮은 신뢰도 밖에 없으므로 고객도 노점의 상품과 서비스에는 그다지 많은 것을 기대하지도 않는다. 그러나 백화점과 일류 전문점에는 그 나름대로의 높은 신용이 있으므로 고객은 그에 상당하는 상품과 서비스를 제공할 것이라 기대하고 있는 것이다. 따라서 상품과 서비스가 어느 정도까지 양질의 것일지라도, 서비스에 실수가 없더라도 고객의 기대치에 조금이라도 미흡할 경우 곧장 불평 · 불만으로 나타나고 만다.

그래서 똑같은 상품과 서비스의 실수일지라도 어떤 점포에서는 웃고 지나쳐 버리는데도 다른 점포에서는 큰 불만거리가 되어서 나타나는 것이다. 따라서 고객으로부터 불평불만을 듣는다는 것은 그 점포가 그만큼 고객으로부터 신뢰와 기대를 모으고 있다는 말이 있다. 이러한 이유에서 '불만이란, 그 점포에 대한 고객의 신뢰도와 기대치의 표출'이라 할 수 있을 것이다.

그러나 이것을 기초로 해서 생각한다면 불만은 점포의 신뢰도를 표현하는 것이므로 불만은 많으면 많을수록 고객에게 신뢰를 받고 있는 좋은 점포라는 기묘한 결론에 이르게 된다. 이건 곤란한 문제이다. 불만은 어쨌든 적은 편이 좋다.

왜냐하면 불만은 그 점포의 약점이기 때문이다. 즉 다른 부분이 우월하면 할수록 작은 약점이라도 크게 두드러져 보여서 고객의 마음에 깊이 박혀서 그것이 소문으로 비화된다.

그래서 불만은 다음과 같이 정의를 내릴 수 있을 것이다. "불만이라는 것은 그 점포에 대한 고객의 신뢰도와 기대치의 표현이지만, 동시에 그 점포의 약점이기도 하다." 때문에 불만은 적을수록 좋으며, 또 그것이 약점이기 때문에 하나씩 보강함으로써 회사의 체질개선으로 연결해가야 한다.

2 능숙한 불만 접수방법

불만처리의 첫걸음은 불만을 받아들이는 방법에 있다. 불만의 접수방법은 화재의 진화작업(소화작업)과 같다. 화재는 초기진화가 필요하듯이, 불만도 첫 번째의 접수방법이 중요하다. 불만을 잘 받아들이면 불만이 아닌 불만으로 끝나버리지만 접수방법을 그르치게 되면 작은 불만도 큰 불만으로 확대되어 처리가 힘들어진다. 그럼 어떻게 불만을 받아들이면 좋을까?

① 성의를 가지고 불만사항을 끝까지 듣는다.
② 고객이 납득할 수 있도록 사과하고 설명할 사항이 있다면 조용히 설명한다.
③ 고객이 납득할 수 있도록 사과를 하고 가능한 해결법을 고객과 상담한다.

1) 성의를 가지고 불만사항을 끝까지 듣는다

불만은 고객이 어떤 의미에서 정신적, 물질적인 피해를 입은 결과이므로 때로는 감정적이 되고, 큰 소리를 지르는 경우가 있는데, 끝까지 성의를 가지고 경청해야 한다.

점포에 있는 사람에게 자신의 감정을 표출하면, 그만큼 불만 고객은 정신적으로 보상이 되어, 치솟은 감정이 누그러지거나 대화의 여지가 생기게 된다. 일종의 보상심리다. 이러한 감정의 변화를 심리학에서도 카타르시스라고 한다. 생각하고 있는 바를 토로함으로써 기분이 나아지는 것을 말한다. 불만을 받아들임에 있어서 가장 좋지 않은 것은 고객이 불만사항을 말하는 도중, "아니, 그것이 아닙니다." 하고 이야기를 끊거나 반론을 제기하는 것이다. 이렇게 되면 고객은 점점 감정이 격해져서 대화가 어려워진다.

그래서 불만을 받아들이는 사람은 손님의 이야기를 잘 경청함으로써 고객의 감정을 진정시킴과 동시에 고객의 이야기 가운데에서 문제의 요점과 고객의 요망을 정확히 파악하여, 해결방법의 힌트를 포착하는 노력이 필요하다. 고객이 감정적이면 감정적일수록 진심을 이야기하므로, 신중을 기해서 이야기를 듣고 불만의 내용을 정확히 파악해야 한다.

2) 고객이 납득할 수 있도록 사과하고 설명할 사항이 있다면 조용히 설명한다

이를테면 그냥 묵묵히 있으면 오해의 소지가 있을지도 모르는 것을 말하며 사과나 변명이 아니다. 이쪽의 정당성을 주장하는 나머지 변명을 하게 되면 오히려 고객의 기분을 상하게 해서 불만처리를 지체시킬 우려가 있으므로 주의해야 한다. 가령, “그건 손님의 오해입니다.”라고 하는 등 고객의 잘못을 노골적으로 지적하지 말고 완곡한 표현으로 조용히 이야기한다.

3) 고객이 납득할 수 있도록 사과를 하고 가능한 해결법을 고객과 상담한다

“정말 폐를 끼치게 되어 뭐라 드릴 말씀이 없습니다.”라고 납득이 가능한 사과를 하고나서, 가령 “수리해 드릴까요, 아니면 새로운 상품과 교환을 해드릴까요, 혹은 대금을 환불해 드릴까요?” 등등 해결방법을 제시하면서 가능하면 고객이 결정하도록 하는 것이 좋다.

왜냐하면, 이쪽에서 결정한 처리방법을 고객이 그 자리에서는 납득한다고 할지라도 나중에 마음이 변할 수 있기 때문이다. 그 점에서 고객이 직접 결정한 해결방법이라면 설령 가족의 반대가 있을지라도 그렇게 간단하게 마음이 변하지 않을 것이다. 또 고객이 직접 해결방법을 결정하면 고객은 자기의 의견이 통했다는 기분이 들기 때문에 심리적으로도 좋은 것이다.

3 진노한 고객의 대처방안

불만은 점포에 대해서 품고 있었던 고객의 신뢰와 기대가 허물어졌을 때이므로 가능한 한 정중히 사과하고 고객의 신뢰를 회복하고자 하는 노력을 게을리해서는 안 된다. 그래서 충분한 고객의 의사타진과 대화를 할 필요가 있는데, 고객이 분노해서 대화가 불가능한 경우도 있다.

① 사람을 바꾼다.
② 장소를 바꾼다.
③ 시기를 바꾼다.

1) 사람을 바꾼다

예를 들면, 담당자가 고객의 불만을 접수하고 해결이 되지 않을 경우는 책임자가 대신 나와서 불만을 처리한다. 젊은 사람이 나와서 일이 잘 되지 않으면 보다 나이가 많은 사람이 나와서 처리한다. 즉 보다 책임이 있는 사람이 나오면, 고객은 "이곳은 나의 불만을 들어 줄 의사가 있구나."라고 받아들여 한층 기분이 진정된다.

불만고객 가운데에는 "제가 이곳의 책임자입니다." 하면서 보다 신분이 높은 사람이 대신 나오면 갑자기 정중한 말을 쓰거나 태도를 바꾸는 사람이 있는데, 이것은 일차적으로 이선 담당자에게 불만을 토로한 다음이므로 기분적으로 조금 나아졌다는 점과, 보다 책임이 있는 높은 사람이 나왔으므로 거기에 자신을 맞추려고 하기 때문이다.

2) 장소를 바꾼다

점포 안에서 불만고객이 큰 소리로 항의를 하게 되면 다른 손님에게도 폐가 되며, 또 구경꾼이 많으면 과시욕으로 쓸데없는 큰 소리를 내는 손님도 있으므로 내부의 응접실로 정중히 안내하고 겨울이면 따끈한 차를, 여름이면 시원한 음료수를 제공하여 잠시 혼자 있게 한다. 이 사이는 5분 정도가 좋을 것이다.

불만고객은 혼자 의자에 앉아 차라도 마시면 마음이 조금이라도 진정되어, '내 말이 좀 심하지 않았나?'라는 자성도 하게 되어 마음이 진정될 것이다. 거기에 "손님, 제가 이곳의 책임자입니다." 하면서 인사하러 나오면, 한층 대화의 여유가 생기기 마련이다.

3) 시기를 바꾼다

그래도 아무 소용이 없다면, 일단 손님을 정중히 돌려보내고, 다음 날부터 책임자가 사과하러 매일 방문한다.

4~5일 간 고객을 방문하게 되면, 고객의 가족 중 어느 한 명은 이쪽의 편을 들어준다. 가령, "아버지, 아무리 그 점포가 구제불능이라도 이 사람은 바쁜 와중에서도 매일 사과하러 오지 않습니까? 이제 이 정도로 받아주시는 것이 어떨까요?"라고 말해주면, 불만고객도 "난 참을 수 없지만 가족도 저렇게 말하고 있고, 그래! 이번 문제는 이 정도에서 끝냅시다." 하면서 대화에 응하게 된다는 것이다.

최대의 성의를 표한다는 특유의 방식이다. 여기까지 오면, 이치나 논리, 이해득실이 아니라 감정의 문제이다. 따라서 성의를 표한다는 방법 이외에는 해결방법은 없다고 할 수 있다.

4 불만 재발방지 시스템 구축

서울의 어떤 고층빌딩에 있는 스테이크점에서의 일이다. 여름이 끝나갈 무렵, 가족과 함께 모처럼 외식을 하였다. 요리사가 우리 눈앞에서 굽고, 먹기 좋게 잘라준 스테이크를 먹으면서 유리접시에 담겨져 있는 야채샐러드를 입에 넣자마자 이가 부서지듯 뭔가 깨물렸다. 그것은 조그마한 유리파편이었다. 아니! 샐러드에 유리조각이라니…

깜짝 놀라서 요리사에게 "이런 유리조각이 샐러드에 들어 있다니, 위험하지 않소?" 하면서 주의를 주었다. 요리사는 대수롭지 않은 듯 죄송하다는 말만 하고는 그 접시를 내려놓고 말았다. 이런 중대한 실수를 범했는데도 요리사의 처리가 너무 간단해서 항의의 서한을 본사의 사장 앞으로 발송하였다. 서한의 내용은 "유리파편이 어떻게 먹는 음식에 들어갈 수 있었는지 그 이유를 알고 싶다."는 내용이었고, 이어서 이번 일을 최고경영자인 사장은 대체 알고는 있는지에 대한 것이었다.

며칠 후, 서울의 지점장이라고 하는 30대 정도의 남자가 사장을 대신해서 방문하였다. 그리고 사장은 이 사건에 대해서 편지를 받기까지 몰랐다는 답장을 가지고 왔다. 그래서 그 30대의 지점장에게 당신은 직접 그 점포의 책임자니까 이번 사건을 알고 있으리라 확인하였더니 그 역시 알지 못했다는 답변이었다. "그렇다면 지점장의 역할을 다한다고는 볼 수 없군요."라고 했더니, 그는 할 말이 없다는 듯 묵묵히 방바닥만 쳐다보고 있었다.

샐러드에 유리파편이 들어간 원인을 물었다. 답변인즉 아무리

조사해 봐도 모르겠다는 것이다. 그 일이 있었던 무렵, 아무도 유리잔을 깬 사실이 없다는 것이다. 유리가 발이 달렸나? 그렇다면 유리를 먹을까 무서워서 두 번 다시 그 스테이크점에는 가지 않게 되었으며, 누가 그곳에 간다면 그 사람의 건강을 위해서라도 말릴 작정이다.

고객을 대하는 점포의 자세가 이래서는 안 된다. 고객에 대해서 불만처리를 함과 동시에 다음과 같은 내부처리를 행할 필요가 있다.

첫째, 불만의 내용을 전원에게 발표하여 주의를 환기시킴과 동시에 두 번 다시 동일한 사고가 발생하지 않도록 응급조치를 한다.

둘째, 사고의 원인을 철저히 조사 · 분석해서 그것을 시스템의 신설이나 변경을 통해서 해결한다. 즉 위의 사례에서처럼 글라스의 보관일지를 만들고 전원이 숫자를 파악한다고 하는 제도와 업무방식을 바꿈으로써 사고의 재발을 방지하는 것이다.

그것을 한 사람의 글라스 제품 담당자를 임명하듯, 사람을 통해서 해결하려고 한다면 만약 그 사람이 퇴직을 하거나 결근이라도 하게 되면 동일한 사고가 발생할 우려가 생긴다. 따라서 시스템으로 해결해야 한다. 이처럼 불만을 자체의 업무방식에 반영시켜 해결함으로써 비로소 기업의 발전, 진보가 있으며 또한 종업원의 의식 행상을 도모할 수 있다.

5 불만처리의 방침과 방안

1) 불만은 신속하게 처리한다

시간을 끌면 끌수록 불만고객의 분노가 격해지고, 오기도 굳어져 버려 문제의 해결이 어려워진다. "오늘은 바쁘니까 내일 해야지…, 내일은 회의니까 모레 방문하자."라는 등 하루라도 미루지 말고 즉시 해결한다.

불만처리라는 것은 즐거운 일이 아니므로 먼저 미루고 싶은 기분이 든다는 것을 모르는 것은 아니지만, 가급적 빨리 손을 쓸 필요가 있다. 결과적으로는 그것이 좋은 결과를 가져다주기 때문이다.

2) 모든 힘을 기울여 해결에 노력한다

일례로 백화점 등에서는 사소한 상품의 불만에 대해서도 상품대금의 몇 배나 되는 경비와 인원을 투입하여 힘을 기울여 해결에 노력한다. 이것은 백화점의 신용을 회복하고, 유지하기 위해서는 얼마간의 이해득실을 무시하고라도 고객이 납득할 수 있는 해결을 하고자 하는 방안인 것이다.

이러한 것은 백화점에 국한되지 않고, 규모가 작은 업체에서도 똑같이 고려해야 할 사항이다. 불만해결에 관해서는 이해득실을 따지지 말고 전력을 다해 해결할 자세를 갖추어 둘 필요가 있다. 그리고 그것을 날마다 종업원의 교육에 반영시키고 철저하게 행함이 중요하다.

이러한 자세가 정립되는 것이야말로, 비로소 일상적인 접객에 성의가 깃들어질 것이며, 또한 고충처리에 관해서는 경비와 노력이 많이 요구되고 있다는 점을 이해하고 있다면, 일상적인 접객활동을 통해서 불만요인이 나오지 않도록 전원이 주의를 기울이게 된다.

3) 적극적인 자세로 전념한다

불만은 점포의 약점이므로, 그것을 보강하고 개선함에 따라 진보와 발전이 있으며, 또 종업원의 서비스가 향상되는 것이다. 하지만 그것을 진일보시켜서 불만고객을 점포의 고객으로 삼을 수 있는 노력이 필요하다.

더욱이 불만을 해결하기 위해서 상당한 시간과 비용과 노력을 소비했기 때문에, 점포의 신뢰도와 기대치를 단순히 원상태로 환원시키는 것만으로 불충분하며, 이것을 계기로 단골손님으로 만들지 않으면 의미가 없다.

더욱이 사과를 해도 여간해서는 용서해주지 않는 아주 까다로운 손님이라도 그만큼 일단 이야기가 통하면 이번에는 더 단골손님이 되어주며 이쪽에서 부탁하지도 않았는데도 자기가 아는 사람을 손님으로 소개시켜 주기도 한다. 흔히 한 번 싸웠던 사람과는 더 친해진다는 말도 있음을 숙지해야 한다. 때문에 불만고객이 최종적으로 단골손님이 될 때까지 귀찮아 할 정도로 사과를 하고 그 손님과 친해지지 않는다면 진정한 의미에서의 해결이라 할 수 없다.

4) 인생 공부라고 결론지어라

불만고객과의 대화가 복잡해지고, 도저히 해결이 되지 않을 때 등 머리가 혼란스러워 밤이 되어도 잠을 이룰 수 없고, 종업원이라는 입장에 인간적인 비애를 느낄지도 모른다.

몇 번이나 방문해도 문전박대를 받거나 아무리 최고의 예우로 사과를 해도 용서해주지 않을 때에는 나도 모르겠다며 내팽겨 쳐버리고 싶은 마음도 들 것이다. 하지만 결코 여기서 포기해서는 안 된다. 이것도 인생 공부의 하나라 생각하고 참아야 한다. 그리고 결국은 이 까다로운 손님이 단골고객이 되는 그 날을, 그리고 최고의 불만해결사가 될 자기의 자화상을 그리면서 더욱 분발해야 한다.

고객의 불평처리 요령

① 고객의 불평이 무조건 옳다고 생각하고 받아들인다. 변명을 생각하는 한 서비스 개선은 어렵다.
② 고객이 불평을 말할 때는 동요하거나 불쾌하게 여길 것이 아니라 자신의 응대 능력을 발휘할 수 있는 절호의 기회가 왔다고 생각한다.
③ 우선 고객으로 하여금 충분히 말하게 하라. 경청하는 것만으로도 불평의 상당부분이 해결될 수 있다.
④ 고객이 자극적인 말이나 도전적인 태도로 나오더라도 결코 그 페이스에 말려들어서는 안 된다. 냉정하고 침착한다.
⑤ 고객의 불평에 진지하고 성의 있는 자세를 보여라. 불평이 잘만 처리되면 오히려 호감을 살 수 있는 기회가 될 수 있다.
⑥ 절대적으로 고객이 잘못된 경우라 하더라도 그를 정면으로 공격하지 말라. 고객 스스로가 깨닫도록 여유를 가지고 대하여야 한다.
⑦ 불평에 대한 처리는 신속하고 명쾌하게 하라. 임시로 모면하는 식으로 처리해서는 안 된다.
⑧ 처리된 불평을 분류하여 잘 관리함으로써 서비스개선의 밑거름이 되도록 한다.
⑨ 무엇보다도 불평이 일어나지 않도록 사전에 주의한다.

Key Point

1. 접객과정에서 불만이 있다면 신용이 있다는 증거이다.
2. 능숙한 불만처리는 성의를 가지고 우선 경청을 한 다음에 정중히 사과를 하고 해결방안을 제시하여 고객이 결정을 하도록 한다.
3. 고객이 몹시 화가 났을 경우에는 사람을 바꾸고, 시기를 바꾸어, 고객의 화를 진정시키고 대화를 전개해 나간다.
4. 불만이 재발하지 않으려면 시스템을 구축해야 한다.
5. 불만처리의 방침은 신속하고 성의 있게, 그리고 적극적으로 임해야 한다.

CHAPTER 6

고객 서비스

❶ 고객서비스
❷ 서비스에 종사하는 사람의 육성
❸ 고객서비스에 대한 마지막 생각

“성공기업의 열쇠, 서비스 마인드”

농경사회나 산업사회 초기의 서비스는 덜 배운 자, 덜 가진 자의 직업이자 특정 계층, 특정 직업인의 전유물로 인식되었다. 그러나 산업사회, 정보화 사회로의 진입에 따라 서비스 산업에 대한 인식은 날로 변화되고 있으며 그 기반 역시 더욱 굳건해지고 있다. 현대는 식당이나 호텔, 여행사, 항공사에서만 서비스를 필요로 하는 시대가 아니라 지구인 모두에게 서비스맨이기를 요구하고 있다. 정치인은 유권자에게, 공무원은 국민에게, 회사는 고객에게 더 나은 서비스를 제공해야만 하는 시대인 것이다. 이제는 누가 더 나은 ‘서비스 마인드’를 갖고 상대를 만나고 사물을 대하느냐가 기업과 조직의 성공 노하우가 되었다.

즉 21세기 기업의 성공은 그 회사 제품이 얼마나 서비스 마인드를 가지고 있느냐에 달려 있다.

내외경제신문 ‘퇴계로’ 1997년 1월 3일

1 고객서비스

1 고객서비스란?

지금까지 고객서비스를 정의하려는 시도는 많았었다. 유통, 산업, 공장 및 서비스 기업이 회사의 초점에 따라 고객서비스를 제공하는 목표가 다를 수 있다. 고객 중심 회사의 공통 특성은 다음과 같다.

① 내부고객과 외부고객을 갖고 있다.
② 고객의 요구를 만족시키는 데 초점이 있다.
③ 고객이 정보나 제품 · 서비스 등을 쉽게 얻을 수 있다.
④ 종업원이 고객에게 더 잘 봉사하도록 정책을 세운다.
⑤ 경영과 시스템은 종업원이 고객에게 봉사하려는 노력을 지원한다.
⑥ 일의 수행을 계속 평가함으로써 고객에게 우수한 서비스를 제공하도록 계속 변화하며 향상시킨다.

고객서비스는 새로운 개념이 아니다. 여러 해 동안 고객서비스는 창업기업으로부터 수백만 달러 규모의 기업에 이르기까지 제기되어 왔다. 과거 많은 사람들이 농장에서 일했을 때 소규모 공장이나 사업가들은 이웃에게 고객서비스를 제공했다.

소규모 읍이나 마을에는 대장간 · 잡화점 · 음식점 · 술집 · 미용업들의 서비스지향적 업소가 있다. 좀 더 시골지역에서는 부엌세간 · 약 등을 이 지역 저 지역으로 소비자에게 봉사하며 다양한 제품을 제공하러 다니던 보부상이 있었다. 또 부수입을 얻기 위해 소위 '오두막산업'인 자기 집에서 물건을 만들어 팔거나 물물교환을 하는 경우도 있었다. 기차나 역마차가 다니게 되면서 행상들이나 공급자들을 실어 나르게 되었다.

이 시기 전체를 통틀어 오늘날의 고객서비스와의 큰 차이점은 소유주나 임원들이 고객과 직접 대면하여 일하는 일선 종업원이라는 것이다. 이들은 좋은 서비스를 제공하고 번창하는 데 관심이 있었다.

산업이나 공장 및 대도시가 발전하면서 서비스산업이 자리를 잡기 시작했다. 1800년대 후반에 우편서비스가 발전되면서 Montgomery Ward나 Sears Roebuck 같은 기업이 다양한 소비자의 욕구에 접근하는 우편주문 목록을 도입했다.

오늘날 미국을 비롯한 다른 선진국들의 기업환경은 급격히 변화해서 경제가 과거 생산에 의존하던 것으로부터 질 좋은 서비스를 제공하는 것으로 초점이 옮겨졌다. 바야흐로 강력한 서비스 경제시대가 열린 것이다.

서비스산업으로의 변화

전형적인 이전직업	서비스직업
농부	종업원
목장일꾼	보험종업원
기계공	음식제공자
비서 · 행정보조	엔지니어
제강소 직공	비행기 승무원
주부고객	서비스전문직
공장직공	수선공
광부	여행전문직

고객이란?

어떤 형태로 방문을 하든 우리 조직에 들어오는 사람 중 가장 중요한 사람이다. 그는 결국 나에게서 물건을 사고 돈을 지불하는 사람이다. 나는 그를 위해서 일한다. 고객은 내가 말싸움을 할 대상이 아니다. 데일 카네기는 말했다.

"말싸움에서 얻을 수 있는 최선의 것은 바로 싸움을 피해가는 것이다."

특히 고객들과는 더욱 그렇다. 비록 고객은 나에게 인내심을 보이지 않을지라도 나는 고객에게 인내심을 가져야 한다. 고객으로 인하여 나의 하루가 즐거워지기도 하고, 우울해지기도 하지만, 그 모든 것이 결국은 내가 고객에게 어떻게 대하느냐에 달려 있다. 내가 각각의 상황에서 고객을 응대하는 방법을 잘 조절하면, 그것은 곧 나의 인생을 잘 조절하는 것이 된다.

고객도 때로는 나와 마찬가지로 편견과 선입견을 가질 수 있다. 그는 나의 머리스타일이 마음에 들지 않을 수도 있다. 나도 그의 옷차림이 마음에 들지 않을 때도 있다. 그러나 그는 특별한 사람이며 나의 고객이다.

고객은 내가 잘못을 저지르지 않도록 특별히 조심해야 할 사람이다. 설사 고객이 잘못했더라도 나는 그것을 우회적이고 예의바르게 지적해 주어야 한다.

> 때로는 고객은 도전의 대상이다. 나는 그 도전을 기꺼이 포용할 수 있어야 한다. 그리하여 고객의 찌푸린 얼굴을 미소로 바꿀 수 있을 때, 나도 즐거움을 느끼게 된다.
>
> 고객은 나에게 특별한 존재이다. 내가 고객과 접하는 시간은 극히 짧은 시간이지만, 내가 고객을 도와야 할 일이 있을 때는 나는 그의 요구를 전적으로 들어 줄 수 있도록 최선을 다해야 한다.
>
> 고객은 내가 최선을 다해 서비스해야 할 사람이다. 평범한 응대와 특별한 서비스의 차이는 아주 근소한 것이다. 물론 고객은 그렇게 느끼지 않지만…
>
> *Rebeca L. Morgan*

2 고객은 왜 서비스를 구입하는가?

1) 구입 동기

고객이 제품이나 서비스를 구입하고자 하는 마음을 '구입 동기'라고 한다. 고객이 점포(회사)를 방문할 때, 고객의 머리나 마음속에는 이러한 구입 동기가 잠재하고 있다. 그리고 그러한 구입 동기에 맞는 제품 · 서비스는 구입하고, 맞지 않는 것은 사지 않는다. 때문에 구입 동기를 올바르게 파악하고 그에 맞는 행동을 취함으로써 고객에게 만족감을 주고, 결국에는 제품 · 서비스의 매출로 연결되는 것이다.

그렇다면 이러한 동기의 밑바탕에는 무엇이 있을까. 그 곳에는 여러 가지 욕구가 있다. 그럼 인간의 욕구에는 어떤 것이 있는지 다시 한 번 살펴보고자 한다.

매슬로우(A.H. Maslow)의 욕구 5단계설

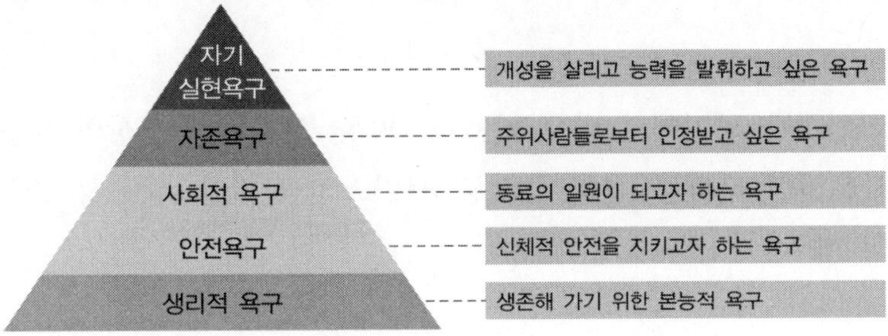

(1) 욕구 5단계설

미국의 심리학자 매슬로우는 인간의 욕구를 그림과 같이 분류하고 있다. 이 학설에 의하면 "인간의 욕구는 5단계 중 어딘가에 속해 있고, 저차원의 욕구가 충족되며 단계를 밟아가며 보다 고차원적인 욕구에 눈을 떠가는 것"이라 주장하고 있다.

(2) 정서적 동기와 합리적 동기

구입 동기는 인간의 욕구에 따라서 환기되는 것이라 하였다. 코플랜드는 구입 동기에 관한 리스트를 1924년에 이미 다음과 같이 작성한 바 있다.

① 정서적 동기

인간의 본능과 감정 동기에서 생겨난 것, 행동에 충동적 혹은 이유 없이 사람들을 강제적으로 내모는 것, 차별, 경쟁, 경제적 경쟁, 개인적인 외모 과시, 재산 과시, 사회적 명예, 예술적인 취

향 표현, 선물의 선택 등의 유인

② 합리적 동기

이성과 도리에서 발생하는 것. 편성, 조작과 작용상의 효율, 사용시의 신뢰성, 질의 신뢰성, 서비스의 신뢰성 · 내구성, 소득의 향상, 재산증대 등의 유인

정서적 동기와 합리적 동기는 고객의 기분 중에 동시에 나타나며, 여러 가지의 갈등을 일으키고 있다. 충동구매를 그 예로 생각하면 잘 이해가 갈 것이다. 가령 별로 사고 싶은 물건도 없는데 양품점에 들어가서 문득 눈에 띄는 스웨터를 사고 말았다는 사례는 흔히 있다. 이것은 '지금 특별하게 스웨터를 살 필요는 없다'(이성)는 기분이 '이 스웨터를 입으면 모양새가 예뻐 보인다든지, 멋있게 보일 것'이라는 (정서)기분이 이겨서 결국 구입이라는 행동으로 옮겨진다고 한다.

(3) 상활별 구입 동기

이제 상황에 따른 구입 동기를 음식을 예로 들어 살펴보고자 한다.

① 생존 · 생활을 위한 구입 · 소비

- 상황 : 생존을 위해서 영양분을 섭취한다.
- 조건 : 내용 · 장소의 분위기에 구애를 받지 않는다.

② 사고 · 의례를 위한 구입 · 소비

- 상황 : 관혼상제 등의 의례적 식사와 사교모임을 위한 연회
- 조건 : 내용, 장소의 분위기, 경비지출 등에 신경을 쓴다.

③ 여가를 즐기기 위한 구입 · 소비

- 상황 : 식도락 및 맛 따라 여행하는 등 그 자체를 즐기기 위한 동기
- 조건 : 내용 · 장소에 심한 구애를 받는다.

④ 우정이나 애정을 위한 구입 · 소비

- 상황 : 우정 · 애정의 끈끈함과 그것을 유지하기 위한 것
- 조건 : 내용 · 장소에 어느 정도 구애를 받는다.

⑤ 시간상의 효용을 높이기 위한 구입 · 소비

- 상황 : 대기시간이나 휴식시간 같은 티타임 등 시간을 메꾸기 위한 소비
- 조건 : 내용 · 장소에 그다지 구애받지 않는다.

⑥ 업무상의 구입 · 소비

- 상황 : 비즈니스 런치 등 업무의 연장선상에 있는 소비
- 조건 : 내용 · 장소에는 그다지 구애받지 않는다.

(4) 구입 동기의 확인 절차

고객의 구입 동기를 평가하여 그에 대응할 수 있는 서비스와

호스피탈리티를 공급하는 것이 서비스업에 종사하는 사람들의 역할이다. 그럼 실천 장면에서는 이것을 어떻게 활용해 가면 좋은가?

① 고객의 구입 동기가 어디에 있는지를 살핀다.

고객의 태도나 분위기에서 구입 동기를 찾는 것이 이상적이다. 하지만 이 일은 매우 어렵기 때문에 "어떤 때를 위해서 필요하십니까?"라는 식으로 고객에게 질문을 함으로써 이끌어낸다.

② 찾아낸 구입 동기에 맞는 것을 제공한다.

고객의 구입 동기를 알게 되면 그 동기에 맞는 서비스를 제공한다. 이것이 호스피탈리티 정신이 된다.

③ 원래 목표한 바대로 이루어졌는지를 확인한다.

제공한 서비스가 정말 고객에게 만족감을 주었는지의 여부를 확인한다. 이 때 소위 5W1H의 형식을 질문하면 상당부분 분명해진다.

④ 정보를 저장한다.

고객의 만족 또는 불만에 관계없이 구입 동기와 그에 대한 대응을 기억해 두도록 한다. 정보는 언젠가 그 고객이 재방문하였을 때에 도움이 되는 것은 물론, 그 고객과 취향이 비슷한 고객에 대응하기 위해서도 귀중한 표본이 된다.

2) 정서적 행동과 합리적 행동

(1) 기분에 따른 구입

정서라는 단어의 의미를 국어사전에서 살펴보면, "심리학 본능에 따라 일어나는 심적 현상, 기쁨 · 슬픔 · 노여움 등 감정의 실마리, 사물에 부딪쳐 일어나는 온갖 감정"이라 정의를 내리고 있다. 즉 기분에 따른 구입의 특징은 다음과 같다.

① 심리적 충동으로부터 발생한다.
② 잠재적 욕구가 돌연 표면화되는 경우에 발생한다.
③ 대상을 직감적으로 받아들여 행동한다.

이상의 예를 들 수 있으며, 금액으로 말하면 그다지 비싸지 않은 것(상대적)인 경우가 많은 듯하다.

소위 충동구매도 어떤 의미에서는 이러한 형태의 구입이라는 범주에 들어가는데, 누구나 몇 번이고 경험하는 것이다. 사생활은 합리성만을 추구하기보다 정서와 의외성을 구하는 마음이 소비감각에 내재되어 있다. 레저나 건강산업, 카지노 · 슬롯머신 등이 하나의 산업으로 성장하는 이유가 여기에 있다. 그래서 호스피탈리티가 가지는 의미가 중요한 것이다.

(2) 구입할 때 합리적으로 이모저모 따진다

고객이 구입하고자 하는 상품에는 여러 가지가 있다. 즉 그 사람의 개인생활 · 가정생활 · 지역생활 · 사회생활 속의 바탕에 따라서 구입하는 것에 대한 기본적 욕구가 다르며, 그 사람의 사회적인 지위에 따라서도 다르다. 심지어 라이터나 넥타이를 고를 경우에도 개인의 기호 · 취향 · 감성에 따라서 선택의 기준이 달라진다.

결국 상품 구입시 이모저모로 따져 본다는 것은 고객이 필요로 하는 상품을 비용과 효과 및 효용성을 심사숙고해서 구입하는 행동을 말한다. 그 예로, 크게는 장래의 가능성을 보고 부동산을 매매하는 것부터 보안경비의 계약까지 여러 가지인데, 대개 금액으로는 고액이며 사업체를 대상으로 한 서비스에 많다. 고급 서비스는 요금이 비싸고 나름대로의 그 근거가 있다.

3) 좋다 → 선택한다 → 좋아한다의 시대변천

구입 동기에 대해서는 예로부터 여러 가지 형태로, 여러 사람들이 연구하여 여러 가지 개념이 정의되었다. 그러나 현재의 마케팅 활동에서는 '좋다', '나쁘다'라는 질적인 문제보다도 '좋아한다', '싫어한다'라는 개념에 보다 가까운 사고방식이 필요하게 되었다.

분명히 제품(유형재)과 서비스(무형재)가 궁핍했던 시대에는 오직 품질확보에만 신경을 쓰면 상품이 팔렸다. 그러나 품질이 안정적이고 공급량이 풍부하게 된 오늘날에 있어서는 서비스선택에 대한 고객의 안목이 높아졌고, 따라서 개인의 기호에 크게 좌우되는 양상을 띠게 되었다. 즉 '좋다' = '선택한다' = '좋아한다'라는 시대가 되었다.

좋고 싫다는 관점은 그것을 객관화 한다는 것이 어려워 옛날부터 '10인 10색'이라는 속담대로 각자의 기호가 서로 다름을 잘 표현해 주고 있다. 어떤 사람에게는 좋은 것이 다른 사람에게는 싫은 경우가 종종 눈에 띄게 된다. 그럼 이러한 어려운 문제점을 해결할 좋은 방법은 없을까. 물론 만인이 공통적으로 만족을 느낄 수 있는 서비스를 구축함이 이상적이지만, 비즈니스적 차원에서 성공하기 위해서는 끊임없는 연구가 필요하다.

3 고객의 심리

1) 심리적 돈지갑

'웬 돈지갑' 하면서 의아하게 생각하실 분도 있을 것이다. 그렇다면 고객이 제품이나 서비스를 구입할 때에 지불하는 돈에 대해서 생각해 보자.

소비자는 살아가기 위해서 필수적인 것부터 시작해서 취미나 오락에 관한 것까지 온갖 상품에 대해서 돈을 지불한다. 그러나 서비스를 포함한 상품구입에 사용할 수 있는 돈은 한계가 있기 마련이다. 소비자는 한정된 범위 내에서 돈의 씀씀이를 고려하면서 소비생활을 한다. 소비자는 이런 방식에 의해서 마음의 돈지갑(심리적 돈지갑)을 설정해가는 것이다.

소비자는 보통 혼자서 여러 개의 심리적 돈지갑을 가지고 있다. 가정주부는 가계지출과 자신의 용돈지갑을 실제로 분리해서 가지고 있는 경우가 흔히 있다. 슈퍼마켓에서의 식료품이나 일상용품 구입지출에 관한 사항은 가계지출에서, 양장점 등에서는 개인적 용돈에서 분리 지출한다.

2) 인지적 불협화음

서비스는 앞에서 학습한 것처럼 재현이 불가능하고, 대체도 할 수 없다. 때문에 고객은 구입한 서비스에 관해서는 싫든 좋든 소비할 수밖에 없다. 그 서비스가 고객에 있어서 만족감을 주는 것이라면 문제가 없겠지만, 그렇지 않을 경우에는 여러 가지로 고려하지 않으면 안 되는 상황이 일어나게 된다. 그럼 고객이 만족하지 않을 때의 심리부터 고찰해 보기로 한다.

인지적(認知的) 불협화음이란 귀에 익숙하지 않은 단어인데, 미국의 심리학자인 패스팅거가 제창한 개념이다. 이것은 "현실적 세계와 동기가 일치하지 않을 경우, 인간은 현실의 세계와 동기가 일치하도록 행동을 디자인한다(통제한다). 만약 그것이 불가능한 경우는 현실의 지각을 적당하게 변화시킴으로써 그 갭을 감소시킨다."는 이론이다. 쉽게 말하면 "무엇인가를 하긴 했지만 마음이 개운치 않다."는 감정이다.

3) 만족과 불만

제품의 경우 고객이 내리는 평가는 제품이 지니고 있는 기능만으로도 비교적 명확한 평가를 내릴 수 있지만, 서비스의 경우는 그 내용과 품질을 명확하게 파악하지 못하는 경우가 많다. 그래서 고객의 느낌으로서 만족감 내지는 불만감으로 평가를 받는다. 서비스 활동에 대한 만족감에는 제공하는 내용뿐만 아니라 고객이 받은 인상이 크게 작용한다.

'정중하게 대해 주었다', '자신의 일을 배려해 주었다', '세밀한 부분까지 신경을 써주었다' 등의 인상이 만족감의 척도라는 이야기이다. 따라서 만족의 척도를 만족도라고 한다면 만족도는 다음과 같은 식으로 표현할 수 있다.

대응과 기대 간의 만족도

$$만족도 = \frac{대응의\ 정도}{기대의\ 정도}$$

'대응 ≥ 기대'인 경우 : 만족

'대응 < 기대'인 경우 : 불만족

고객만족도 결정 요소

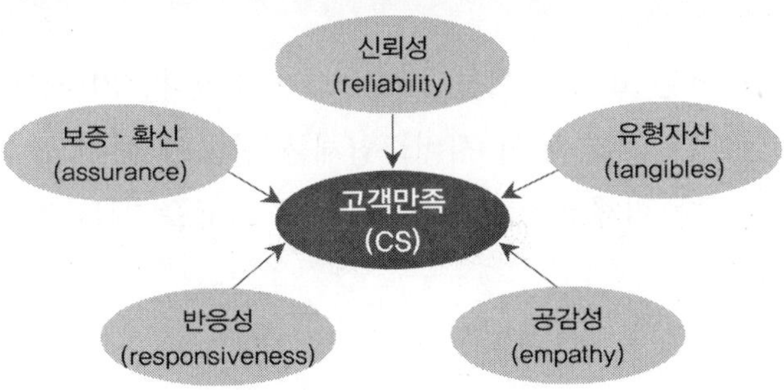

4) 고객의 만족구도

고객의 구입과정

① 욕구지각 → ② 문제인식 → ③ 정보탐색 → ④ 평가 → ⑤ 구입결정 → ⑥ 경험을 받아들임 → ⑦ 구입 후의 평가

사전평가에는 광고 · 경험담 · 이용체험 · 상담(商談) 등이 있다. 서비스의 경우는 제품구입과 달리 수치와 카탈로그로 사전에 대상을 알 수 없는 경우가 많다. 이것을 분류하면 다음과 같다.

사전 평가

종류	내용	대상
광고상담	서비스의 홍보를 위해서 서비스 판매자가 활동	처음 이용하는 고객
구두전달, 이용체험	이용한 체험으로부터 만들어지는 것	고정 고객

이용 체험은 고객이 '이곳의 서비스가 좋았다', '기대를 웃도는 서비스였다'는 것과 같이 서비스업체를 방문할 때에 품고 있던 사전기대보다 실제로 이용했을 때가 더 나았을 때는 강한 인상을 받는다.

4 고객이 요구하는 서비스

1) 소비형태의 변화

사회의 성숙화가 진행되고 자아욕구와 자아실현 욕구가 강해지면 '생활의 여유'가 중요한 용어가 된다. 이제는 일 중독증(work alcoholic)이라는 개미처럼 국가재건을 위해서 열심히 일만 하였던 한국사회, 일하는데 인생의 가치를 두었던 사회적 현상도 찾아보기 힘들게 되었다. 이것이 바로 서비스산업의 태동이라는 결과를 낳게 되었는데, 사람들의 생활역점이 의식주의 문제해결보다도 레저 · 여가생활로 옮겨지게 되었다. 소득수준이 증가함에 따라서 생활의 질을 중시하고, 개인적인 자유시간을 중요하게 생각하는 사람이 많아졌다.

이러한 경향은 서비스산업의 업종별 활동에 분명히 나타나 있다. 요즈음은 자유시간과 관련이 깊은 여행업, 외식업, 개인대상 서비스업(교양 · 오락), 레저관련 서비스의 활동을 보더라도 서비스와 관련된 소비형태의 변화가 현저해졌다.

우리가 앞으로의 소비동향과 소비행동을 파악해 갈 경우, 생활의 여유가 보다 중요한 용어로 될 것이 틀림없다.

2) 소비자행동

(1) 소비자행동의 특성

서비스는 감각적 효용과 심리적 효용으로 가치를 부여하는 상품이며, 소비자행동의 분석은 매우 중요한 위치를 차지하고 있다.

서비스는 제품과 달리 표본을 이용해서 테스트한다는 것이 곤란하다. 따라서 소비자가 현장에서 체험하고 있는 상황을 조사하여 어떠한 욕구 · 수요가 잠재하고 있으며, 현재 절실하게 요구되는 것을 파악하여 새로운 서비스를 연구 · 개발하거나 서비스를 개선할 힌트나 아이디어를 발굴해낸다.

소비자행동을 조사하는 목적은 새로운 기회를 발견함과 동시에, 현재의 서비스 비즈니스가 소비자의 만족을 얻고 있는지의 여부, 혹은 좀 더 달리 잠재적인 고객수요는 없는지를 탐색하기 위해서 기본이 되는 조사이다. 소비자행동의 특성은 다음 4가지의 질문을 함으로써 명확해진다.

① 이 서비스를 구입하는 사람은 누구인가?

돈을 지불하는 사람, 서비스를 받는 사람, 계획을 제안하는 사람, 영향을 주는 사람

② 무엇을 구입하나?

소비자의 구입욕구를 만족시키는 효과는 무엇인가? 고객은 서비스 제공자의 무엇을 평가하고 있는가?

③ 고객은 왜 이 서비스를 구입하나?

구입목적은 무엇인가? 어디에 도움을 주려고 하나?

④ 어떤 절차로 이 서비스를 받나?

구입하기 위해서 어떤 행동을 하는가? 상품을 선택하기 위해

서 어떤 매체(미디어)와 접촉하고 있는가?

(2) AIDMA 모형의 구축

서비스 비즈니스의 담당자는 소비자의 구입행동을 이해한 바탕 위에서 무엇보다도 자사의 서비스상품을 구입하도록 여러 가지 판매촉진책을 구사한다. 소비자의 구입행동 프로세스에 대응시켜서 자사의 서비스를 구입 · 결정하도록 계기를 부여하는 단계로서 AIDMA 모형이 있다. AIDMA는 소비자의 구입과정에 있어서 심리변화의 과정을 나타내고 있다.

우선 자기회사가 생산하는 서비스의 존재를 분명히 해서 주목을 받게 할 필요가 있다. 다음으로 흥미를 유발하고 상품의 내용을 더욱 자세하게 주지시킨다는 태도를 가짐으로써 자사 서비스의 우위성을 이해시킨다. 그리고 고객이 그 서비스를 체험하거나 이용하기를 원하는 욕구를 일으켜 자사의 사명(社名), 상품 브랜드, 담당자의 이름 등을 기억시키고 구입행동을 일으킨다는 단계로 되어 있다. 이러한 AIDMA 모형은 광고 · 선전을 포함한 판매촉진의 효과적인 조합과 메시지의 유효한 전달 테크닉으로써 이용되고 있다.

AIDMA 모형

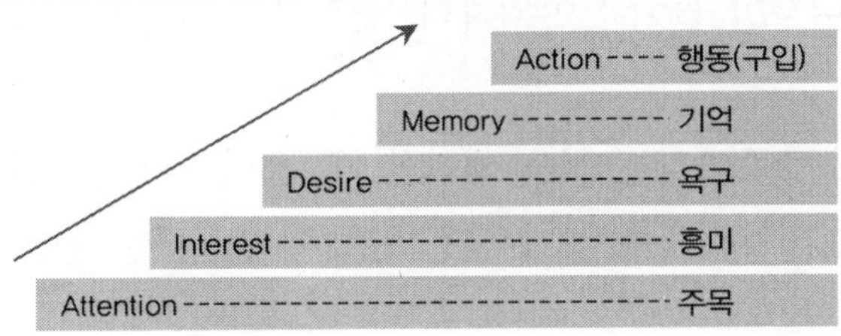

3) 소비자 욕구

고객이 요구하고 있는 서비스를 제공할 발상의 근본적인 원천은 고객의 기본적 욕구(needs)와 선택적 욕구(wants)라 일컬어진다. 고객의 Needs의 Wants를 파악해내는 노력이 필요하다. 여기서 Needs와 Wants에 관한 정의를 살펴보기로 하자.

기본적 욕구란 결핍상태에서 어떤 사람이 느낀 인간 특유의 기본적 부분에서 충족되지 않으면 불행을 느끼는 것이며, 제품·서비스가 가져다주는 만족이다.

① 생리적 욕구 : 음식, 의료, 따뜻함
② 사회적 욕구 : 귀속, 권력, 애정
③ 개인적 욕구 : 지식, 자기표현

선택적 욕구란, 어떤 사람이 가지는 고유의 문화와 개인이 성장해 온 단계에 의해서 형성되고 있는 욕구의 표현이며, 개개의 생활개념과 단계 및 기호에 따라 차이가 있다.

① 한국인 놀이 : 노래방, 화투
② 일본인 놀이 : 가라오케, 빠찡고
③ 미국인 놀이 : 야외파티, 룰렛

욕구의 충족이라는 점을 생각할 때, 우리가 허리띠를 졸라 매었던 고도성장시대를 상기하기 바란다. 당시에는 점포 앞에 제품을 놓아두면 가만히 있어도 날개 돋친 듯이 팔렸다. 그러나 현재는 당시의 욕구가 거의 충족되고 Needs보다도 Wants의 시대가 되었다.

우리가 Wants를 생각할 경우, 오락이라는 점을 고려해야 한다. 비디오가 있다면 영화도 있으며, 실제 연기를 보고 싶다면 극장(연극)에 갈 수 있을 것이다. 또 집안에서 게임을 즐기고 싶으면 컴퓨터게임을 할 수 있다. 종류가 아주 각양각색이다. 고객은 그것들의 홍수 속에서 자신의 선택적 욕구에 기초하여 행동하고 있다고 할 수 있다.

4) 고객의 형태

(1) 시장세분화

고객이라고 해도 여러 종류의 사람들이 있다. 성별 · 연령 · 주거지, 혹은 직업 또는 생활양식 등에 따라서 구분할 수 있다. 기업은 자기회사가 제공할 서비스상품의 고객을 명확히 해둘 필요가 있다. 중점적 대상으로 삼아야 할 고객을 결정하는 일이 무엇보다 중요하다. 중점적으로 지향할 고객을 결정하는데 사용되는 기법을 시장세분화라고 한다.

시장세분화라는 것은 말 그대로 시장(고객의 집합)을 하나의 동질적인 것으로 보지 않고, 몇 개의 부분시장으로 구별해서 생각하는 것이다. 고객을 구분함으로써 구분 항목마다의 Needs와 Wants가 분명하기 때문이다. 시장세분화의 기준으로서는 다음과 같은 것을 들 수 있다.

① 인구통계학적(demographic) 요인에 의한 것(통계적 구분법) : 성별 · 연령별 · 직업별 · 소득수준별 · 지역별 등

② 생활형태(life style) 요인에 의한 것(사회학적 구분법) : 생활양식법, 성격 · 취미 · ∞가치관별, 생활시간별, 목적 · 용도별 등

(2) 시장세분화의 기법

고객을 잘 살펴보면 점포를 직접 방문하거나 계약을 하는 고객층이 변화하고 있음을 알 수 있다. 현장에서 직접 고객을 대면하고 있는 사람만큼이나 변화하고 있음을 잘 알 수 있다. 어떤 회사는 종래에는 연대별 상품구색을 기본으로 하고 있었으나, 현장의 종업원이 젊은 고객이 적어졌다는 호소를 활용해서 백화점에 오는 고객의 구분법(시장세분화)을 다음과 같이 바꾸고 있다(특히 여성고객).

이것을 라이프스타일에 의한 구분이라고 한다. 예를 들면, 16~22세의 여성을 대상으로 한 '신데렐라시티'나 젊은 남성을 대상으로 한 '신밧드시티'라는 매장을 신설하거나, 매장을 용도별로 구분하여 출퇴근 · 야유회 · 스포츠 등으로 변경해서 매장에서 제각기의 용도에 대한 정보를 제공할 수 있게 하여 성공을 거둘 수 있다.

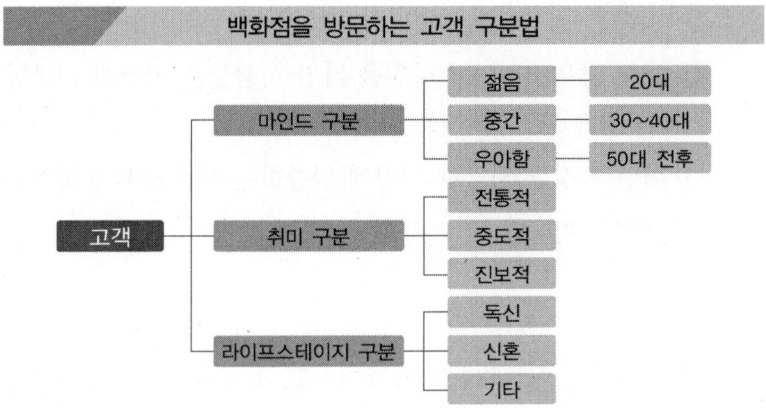

(3) 라이프스타일

라이프스타일이란 일반적으로 생활양식을 뜻하는데, 의식주에 국한되지 않고, 행동양식과 가치관도 포함해서 사용되고 있다. 소비자를 생활인으로서 파악하기 위해서는 행동양식과 가치관의 변화를 다이내믹하게 분석해서 생활인의 상을 재고(再考)할 필요가 있다. 라이프스타일이 다르면 상품에 대한 견해 · 태도가 다르므로 그것에 의해서 구매방식과 사용방법 및 상품에 대한 가치관이 달라지게 된다. 즉 여러 가지 패턴을 인정할 수 있다는 말이다.

행동양식에 나타나는 패턴을 구분하려고 하는 것이 라이프사이클 분석이다. 여러 가지 분석이 발표되어 있는데, 다음과 같은 시점으로 파악할 수 있다.

① 시간이 경과함에 따라 사회 전체의 동향과 풍조는 어떤

경향을 가질 것인가 → 시대성(패션)

② 서로 닮은 라이프스타일을 가진 사람들은 어떻게 구분할 수 있을까 → 세대성, 연대성

③ 어떤 특정한 사물과 사건에 열중하는 생활인의 프로필은 어떤 이미지일까 → 개성

가) 시대성

현재는 '문화의 시대'라고 일컬어지고 있으나, 사람들은 세상에서 무엇을 구할 수 있는가와 같은 객관적인 상황에 자신의 가치관을 합치는 경향이 있다. 가령 새로운 장르의 음악이나 우상처럼 생각하는 대(大)스타를 추종하듯이 '자신은 무엇을 원하는가'라는 주관적인 욕구보다는 패션이라는 경향을 추종하는 현상이다. 다시 말해서 패션이란 시대의 트렌드라는 결론이다.

나) 세대성 · 연대성

인간은 태어난 시대가 같으면, 서로 닮은 가치관을 가지는 경향이 있다. 이것을 세대성(제네레이션)이라고 한다. 요즈음의 TV 광고에는 "1초라도 같아지는 것을 거부한다."라는 자막이 등장하고 있다. 이는 20대를 대상으로 하는 광고 · 선전물인데, 젊은 층이 개성을 소중히 한다는 가치관을 가지고 있다는 것을 암시한다.

연대성(年代性)이란, 나이와 함께 사람들의 생활의식이 바뀌는 것을 말한다. 예컨대, 20~30대에는 결혼을 의식하는 사람이 많아진다는 뜻이다.

다) 개성

한 사람 한 사람의 생활인이 가지는 의식과 행동은 궁극적으로는 다르지만, 어떤 특정한 제품 · 서비스에 대해서는 기쁘게 그것을 소비하는 사람, 혹은 그다지 소비하지 않는 사람 등 전형적인 프로필을 작성할 수 있다. 전형적인 소비자상을 판별할 수 있다면, 활동의 대상이 되는 시장에서의 가상고객을 정할 수 있으며, 판매촉진책 등의 마케팅활동에 대한 계획수립이 용이해진다. 생활인은 이처럼 경향과 세대로서의 가치관을 가지면서 개성을 지니고 있으며, 그것이 라이프스타일을 형성하고 있다고 일컬어지고 있다.

시대성 · 세대성 · 연대성

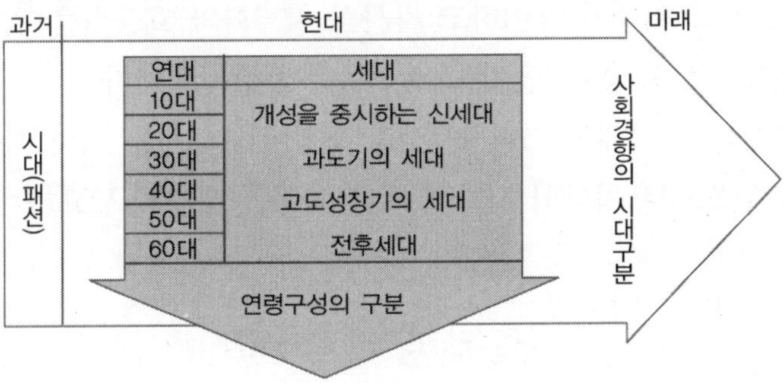

(4) 기타의 시장

서비스상품은 항상 개인시장만을 대상으로 하고 있는 것은 아니다. 고객은 해외시장 · 생산자시장 · 소비자시장 · 유통업자시장 · 공공기관시장으로 구분된다.

① 해외시장 : 외국의 고객. 이 시장에는 외국의 소비자 · 생산자 · 유통업자 · 공공단체가 포함된다.

② 생산자시장 : 이익의 획득과 기타의 목표를 달성하기 위해서 생산 프로세스에서 서비스를 이용하는 조직집단

③ 소비자시장 : 개인적인 소비를 위해서 서비스를 구입하는 개인 및 세대의 집단

④ 유통업자시장 : 이익분을 상승시켜 재판매하기 위해 서비스를 매입하는 조직

⑤ 공공기관시장 : 공공서비스를 위해서 서비스를 구입하는 관청 · 공공단체의 집합

기업은 자사의 상품을 이상 5가지 시장 어디서든지 거래할 수 있다. 가장 거래가 용이하고 자사의 차별화와 효율화를 위해서 중점적으로 특정시장을 목표로 삼는 것이 보통이다.

개인적, 집합체인 소비자시장의 특성에 대해서는 이미 학습한 바가 있으므로 기타의 시장에 대한 특성을 정리할 필요가 있다.

일반적인 고객의 요구사항

① 개인적으로 알아 차려주는 것
② 공손한 것
③ 적시에 서비스를 제공하는 것
④ 전문적인 것
⑤ 열성적인 서비스를 받는 것
⑥ 공감 받는 것
⑦ 인내심을 갖고 대하는 것

Key Point

1. 고객서비스란 무엇인가를 먼저 가슴깊이 익혀 두어야 한다.
2. 서비스산업으로의 변화가 이루어졌다.
3. 고객은 왜 서비스를 구입하는가?
   구입욕구나 동기는 생리적 욕구부터 시작해서 자기실현 욕구의 단계를 발전해 간다.
4. 행동에는 정서적 행동과 합리적 행동이 있다.
5. 오늘날에는 '좋다 → 선택한다 → 좋아한다'의 시대변천을 가져왔다.
6. 고객만족도에는 신뢰성, 유형자산, 보증, 반응성, 그리고 공감성의 결정요소가 있다.
7. 고객의 만족도에는 먼저 구입과정을 이해해야 한다.
8. AIDMA 모형의 단계를 숙지해야 한다.
9. 고객서비스에는 시대성, 세대성, 연대성에 따라 다르다.

2 서비스에 종사하는 사람의 육성

1 인간적 요인의 중요성

서비스의 이론에서는 인간적 요인의 중요성이 강조되는 것이고, 서비스의 옳고 그름의 평가는 거기에 인간이 개입하는 경우에만 행해진다는 것은 누구나 다 아는 사실이다. 여기서는 좀 더 일반적으로 서비스 판매에 있어서 인간적 요인이 얼마나 중요한가를 생각하는 데 있어서 반대로 인간적 요인이 포함되고 있지 않은 판매방식인 무인자동업무처리시스템을 예로 들어 고찰해 보기로 한다. 특히 도시에서 생활하고 있는 사람들은 하루에 얼마 정도의 무인자동업무처리시스템에 접하고 있을까.

일례로 교통기관에서의 승차권 판매처럼 자동판매기의 이용이 원칙이 되어버린 것도 있고, 담배 · 청량음료 등과 같이 자동판매기에 의한 판매의 비중이 상당히 큰 것도 적지 않을 것이다.

무인자동판매기는 거리에 넘쳐있다고 할 정도로 많다. 집 밖으로 조금만 나가면 무슨 종류든지 자동판매기가 눈에 띌 것이다. 집 주위 100m 이내의 곳에 한 대의 자동판매기도 설치되어 있지 않다면 거기는 한적한 고급 주택지거나 혹은 극히 외진 곳일 것이다.

무인자동판매기는 그 성격으로 인력절약을 위한 기기이고, 그 보급도 당초는 회사 · 공장 · 직장 등에 한정되어 있었으나, 점차 일반 소매점의 점포나 가두에도 진출하고, 급기야는 모든 서비스업에 대량으로 확대 · 보급하게 되었다.

무인자동판매기에 의한 판매는 현재로서는 인간을 매개로 하는 일반적인 판매방식, 판매에 있어서 상품 선택을 구매자 자신이 행하는 '셀프서비스 방식' 다음가는 것이 되어왔고, 통신판매 방식과 함께 직접적인 인간관계가 개입되지 않고서 상품을 매매하는 것으로서 커다란 지위를 차지하게 되었다.

어떤 상품이라도 일단 소비자의 지지가 없다면 시장에 계속 존속할 수 없는 것과 같이, 하나의 새로운 판매방식이 정착되어 가고 있다는 것은 거기에는 어떤 형태의 이용자 측의 지지가 있었다는 것을 의미하고 있다. 무인자동판매기의 경우도 그 메리트를 인정하는 사람들이 상당히 있었다는 것은 분명히 사실이 아닐 수 없다.

2 사람은 만들어지는 것이다

"인간은 태어나면서부터 인간인 것이 아니고, 인간 속에서 인간으로 길러짐으로써 인간이 된다."고 하는 말이 있다. 인간으로 태어났지만 다른 동물의 환경 속에서 자랐기 때문에 인간이 되지 못한 '늑대소년'의 이야기처럼 저절로 인간이 만들어지는 것은 아니며, 우수한 능력을 가진 사람들도 사람에 의해서 길러지고 만들어진 것이다.

서비스의 영역에 있어서 훌륭한 서비스를 할 수 있다는 평을 받는 사람들도 장기간에 걸친 수련의 결과에 의해 만들어진 것으로서 전문가로서의 의식도 또한 시간이 경과되면서 형성되어 왔다고 생각한다. 그런 의미에서 교육과 훈련의 과제와 계획과 관련을 가지면서 사람의 육성이 논의되어야만 하는 것이다.

사람의 육성에 있어서는 자기가 하는 일이 어떤 일을 하는 것인가를 자각시킬 필요가 있으며, 각 영역에서 전문가가 되어 보겠다는 의욕을 가진다는 것이 중요하다. 전문가로서의 의식을 가지고 있는 사람이 많은 영역은 그 영역 자체가 전문성을 가지고 있다고 평가될 수 있는 것이다. 서비스에 관한 영역은 우선 이런 의미에서 하나의 전문 직업으로는 보고 있지 않다는 문제가 있다고 생각한다.

3 일에 부응한 지속적인 훈련

서비스업에 있어서의 인재육성은 실무를 통한 훈련과 지도에 의해서 행하여지는 부분이 매우 크다. 그것은 말할 것도 없이 서비스라고 하는 것의 특성 때문이고, 사람과 사람 사이에 조성되는 사태를 실제로 이해할 필요가 있기 때문이다.

서비스에 관한 훈련과 지도는 소위 OJT(On the Job Training)를 기초로 하는 것이지만, 이 훈련의 의미를 단기적인 것 혹은 좁은 것으로 포착할 것이 아니라, 장기적인 넓은 의미에서 포착해야 될 것이다. 틀에 박힌 사람들을 만들어내는 것만을 목적으로 하기보다도 오히려 지금부터의 사회와 서비스기업이 필요로 한다고 생각되는 지식과 기술 및 그 유효한 사용법을 될 수 있는 대로 준비시켜서 그것으로 인해서 신장을 가져온다고 하는 생각을 갖는 것이 바람직하다.

4 프로페셔널로서의 확립을 위한 방안 모색

전문직업인으로서의 기본적 조건은 ① 사회에 공헌할 수 있는 지식과 기능을 가지고 있을 것, ② 그러한 지식 · 기능은 누구나 가지고 있는 것은 아닐 것, ③ 가지고 있는 지식 · 기능에 의해 일을 할 것이라고 할 수 있다.

즉 프로페셔널이란 수동적으로 주어진 일을 담당하는 것이 아니고, 자신의 일을 통해서 적극적으로 사회적인 활동을 전개하려는 역할을 가지고 있는 것이다. 프로페셔널이 되기 위해서는 필요한 지식이나 기능의 유지 · 증대를 위해 끊임없이 노력함과 동시에 프로페셔널로서의 의식을 형성해 가지 않으면 안 된다.

서비스의 영역에 있어서 프로페셔널이 되기 위해서는 당연한 일로서 전문적인 지식이나 기능이 필요하고, 그것은 장기간에 걸친 연습에 의해서 획득된다.

그러나 서비스에 대해서는 여기에 어려운 문제가 있다. 서비스업에 있어서는 신참자라 할지라도 어느 정도의 좋은 성적이

기대될 수 있는 영역이 적지 않다. 이것은 전문적 직업으로서 미확립된 부분이 많다는 것을 의미하고 있는 면도 있으나 적성의 유무에 의한 영향도 또한 과소평가할 수가 없다. 사람 대 사람으로 행하여지는 것인 만큼, 상대에 대한 배려나 동작, 적절한 말과 같은 인간적 행위의 좋고 나쁨에 의하는 바가 크다. 그리고 이러한 인간적 행위를 훈련의 결과로서가 아니라 생활을 통해서 미리 몸에 익히고 있는 사람도 있다. 이와 같은 사람은 어느 시점에서 포착하면 '적성이 있는 사람'이란 평가를 받지만, 실제로는 상당한 시간에 걸쳐서 몸에 익힌 것이라는 경우가 적지 않다.

이와 같이 생각하면 적성이라는 것도 기본적으로는 시간을 두고 만들어진 것으로 볼 수가 있다. 적성이 있는 사람만을 구한다는 것도 무리한 말이고, 적성이 있다고 해도 그것은 과거에서 현재까지의 쌓이고 쌓인 결과로 보아야 한다. 따라서 적성이 있는 사람은 더욱 그것을 닦을 필요가 있으며, 그렇지 않은 사람은 금후의 연습에 의해서 획득해 나가야만 할 것이다. 그러나 프로가 된다는 것에는 어려움이 뒤따르기 마련이다.

인간적인 연관을 가지고 인간만이 할 수 있는 일을 하는 사람들이 바로 현대의 프로페셔널이 아니고 무엇일까. 현대에 있어서는 서비스라고 하는 말이 주로 '좋고 좋지 못함'을 의미하는 평가적 용법에서 사용되고 있음을 지적하지 않을 수 없다. "○○은 서비스가 좋다", "△△은 서비스가 좋지 못하다."고 하는 말이 일반화되고 있는 것은 고객이 각 평가기준에 따라 선택적으로 이용하고 있음을 의미하고 있고, 서비스의 제공측도 또한 스스로의 판단에 의해서 여러 서비스를 제공하고 있다는 것을 보여주고 있다. 즉 양자 사이는 기본적으로 대등한 관계인 것으로 되어 있으며, 지난날과 같이 이런 면에서 전문 직업으로서의 자각을 방해하고 있다고는 할 수 없다.

프로페셔널이 된다는 것의 어려움은 일반적으로 말해서 사회에 공헌할 수 있는 지식이나 기능이 사회적 상황에 따라서 크게 다른 것이며, 지식이나 기능이 항상 정당하게 평가된다고만은 할 수 없다는 점에 있다. 그리고 이들 어려움은 서비스에 관계하는 사람들의 경우에는 다른 전문직업의 분야와는 비교가 되지 않을 정도로 크다고 할 수가 있을 것이다. 그러나 이 어려움에 도전하지 않고서 프로페셔널로서 확립해 갈 수는 없다는 점을 깊이 인식해야 한다.

Key Point

1. 인간적 요인의 중요성이 강조되고 있다.
2. 인간은 만들어지는 것이다.
3. 일에 부응한 지속적인 훈련이 따라야 한다.
4. 전문직업인으로서의 기본조건은 사회에 공헌할 수 있는 지식과 기능 보유, 누구나 가지고 있을 것, 가지고 있는 지식, 기능에 의해 일을 할 것이라고 한다.

3 고객서비스에 대한 마지막 생각

21세기에 들어오면서 서비스가 중요하게 평가되면서 새로운 경영이념 차원에서 각광을 받고 있다. 이러한 추세 속에서 고객만족과 서비스 효율화 방안의 일환으로 이론적 배경을 핵심적이면서도 간략하게 고찰해 볼 수 있었던 기회였다.

이렇듯 서비스가 각광을 받아 많은 서비스 기업들이 도입하기 시작한 이유는 세계시장으로서의 성숙화에 따라 경쟁이 격화되고, 보다 질 높은 서비스 경영방식의 도입이 필요해졌기 때문이다. 그 이유는 어느 업종이나 성숙시장에 들어가 보다 좋은 상품과 서비스를 제공하여 고객의 만족을 얻지 않으면 계속적으로 자기회사의 제품을 구입하게 하는 것이 불가능해졌기 때문이다.

고객우선을 경영의 한 수단으로 보는 사고방식이 아니라 고객의 입장에서 진실로 고객의 만족을 얻을 수 있는 활동을 실천하지 않으면 안 되게 된 것이 시대적 배경이다. 따라서 일시적인 유행으로서 받아들이지 않고 정확하게 이념을 받아들이고 전략으로 도입하며, 그리고 방법으로 실천에 몰두하는 정석적인 단계를 밟아가야 한다.

서비스는 단순히 고객의 서비스 개선을 위한 일과성 캠페인이 아니라, 고객이 만족할 수 있는 완벽한 서비스를 만들어내기 위해 지속적으로 개선활동을 전개해 나가는 전체적인 경영혁신운동이다.

서비스라는 말은 간단하지만 어떻게 하면 그것을 현실의 것으로 할 수 있을까에 대한 제안을 시도해 보자고 한 것이 본서의 목적이므로, 이를 위해서 서비스의 이론적 배경은 물론 실천적 행동을 중심으로 제시해 보고자 한다.

이러한 바탕 위에서 고객서비스의 바람직한 추진방향을 제시하면 다음과 같다.

① 서비스에 대한 필요성과 인식을 전체 종업원에게 확산하고 종업원 스스로가 참여할 수 있는 환경을 조성해야 한다.
② 보다 폭넓게 서비스 혁신을 추진해야 하며, 서비스의 기법이 보다 다양하게 개발되어야 할 것이다.
③ 단기적 성과에 급급하지 말고 장기적으로 서비스를 실천함으로써 경쟁력을 제고시킨다는 근본적인 서비스 활동을 추진해야 한다.
④ 계획과 실천이 조화될 수 있는 프로그램의 개발과 이러한 프로그램의 효과적인 실행이 필요하다.
⑤ 전사적이고 총체적인 서비스 혁신의 추진이 필요하다.
⑥ 고객만족과 관련된 정보수집시스템의 활용이 필요하며, 서비스 관련정보의 공유가 필요하다.

그리고 고객서비스를 실천함에 있어서 우선 고객에게 만족을 줄 수 있는 요소들을 제공할 수 있도록 조직의 서비스 지향성이 확보되어야 한다. 또 서비스 지양적 기업문화를 정착시켜야 하는데, 이를 위해서는 최고경영층의 지원이 무엇보다도 필요하다. 이와 함께 기업의 내부고객들에게 자신의 능력을 개발하고 자아실현을 할 수 있도록 교육개발의 기회가 주어져야 하며, 권한의 이양과 내부고객의 복지문제가 해결되어야 한다. 특히 현장의 종업원들을 철저히 교육하는 것이 무엇보다도 필요하다.

또 변화 경향을 찾아 고객서비스 제공자인 여러분에게 어떤 영향을 미칠지 생각해 보았다. 이런 모든 주제에 대한 지식을 갖추는 것이 뛰어난 서비스 전달에 아주 중요하다. 그러나 그 과정의 핵심요소는 고객이다. 여러분이 일하고 있는 이유는 바로 고객이라는 사실을 잊어서는 안 된다. 여러분의 모든 에너지를 모아 고객이 원하는 바를 알아차리고 이에 응대하도록 노력해야 한다. 이러한 개념을 잘 요약한 내용을 여기에 남기고자 한다. 여러분이 하는 일의 목적을 기억하기 위해 이들 문구를 근무 장소의 벽에 걸어두는 것도 좋은 것이다.

① 고객은 모든 우리에게 가장 중요한 사람이다.
② 고객이 우리에게 의존하는 것이 아니라, 우리가 고객에게 의존하고 있다.
③ 고객이 우리 일을 방해하는 것이 아니라, 고객이 바로 우리가 일하는 이유이다.

④ 고객이 전화할 때 우리에게 친절을 베푸는 것이다. 우리가 고객에게 서비스하여 친절을 베푸는 것이 아니다.
⑤ 고객은 우리 사업의 한 부분이다. 구경꾼이 아니다.
⑥ 고객은 통계적 수치로 존재하는 차가운 존재가 아니다. 고객은 피가 통하는 육체를 지닌 우리와 같은 느낌과 감정을 지닌 한 인간이다.
⑦ 고객은 우리가 할 수 있는 한 가장 정중하고 예의 바른 대접을 받을 만한 가치가 있다.
⑧ 고객은 모든 사업에서 활력의 근원이다.

서비스 문화의 향상 전략

① 기업의 미래전망을 탐색한다.
② 고객과 기업의 서비스 문화와 비전에 대해 이야기를 나눈다.
③ 서비스 기술이 무엇인지 확인하고 향상시킨다.
④ 지배인과 함께 목표와 예상치에 대해 토론한다.
⑤ 기업에서 뛰어난 사람이 되도록 노력한다.
⑥ 고객과는 동료라는 인식을 가진다.
⑦ 고객에게 이익이 된다는 생각으로 임한다.
⑧ 판매자와 공급자도 고객처럼 대한다.
⑨ 고객과 싸우지 말고 함께 일한다.
⑩ 한 번 고객은 영원한 고객으로 만든다.

Key Point

1. 21세기에 들어와서 서비스가 중요하게 인식되고, 평가되고 있다.
2. 보다 질 높은 서비스 경영방식이 도입되어져야 한다.
3. 지속적으로 서비스 개선을 위해서는 전체적인 경영혁신 운동으로 승화시켜 나가야 한다.
4. 서비스의 바람직한 추진방향을 제시한 가운데 실천에 옮겨야 한다.

Memo

Customer Service Technic

CHAPTER 7

접객서비스 행동

"당신이 마음의 창을 먼저 열어라"

친절은 만나면 인사하고, 미소 짓고, 표현하는 습관의 총칭이다. 직급, 연령, 성별에 관계없이 눈이 마주치면 먼저 미소 짓고 인사하는 행동의 습관화가 한 조직의 분위기를 밝고 가능성이 넘치게 만들어준다. 직장에서도 사회에서도 당신이 먼저 관심과 배려를 베풀며 다가서 보자. 거기에 무슨 위신과 체면을 직책과 직급을 생각할 필요가 있으랴.

남녀노소 불문하고 먼저 본 사람이 먼저 친절을 실천해 보라.

1 서비스 고객

1 고객은 무엇을 원하는가?

서비스 고객은 다음의 것들을 원한다.

- 관심(care and concern)
- 정당한 대우(fair treatment)
- 유능하고 책임감 있는 노력(competent, responsible effort)
- 신속함과 완벽함(promptness and thoroughness)

대부분의 서비스 고객은 자신들이 지불한 돈의 가치와 효과적이고 효율적인 서비스를 얻고 싶어한다. 그리하여 대부분의 고객이 원하는 것은 다음과 같다.

① 개인적으로 알아차려 주는 것이다.
② 공손한 것이다.
③ 적시에 서비스를 제공하는 것이다.
④ 전문적인 것이다.
⑤ 열성적인 서비스를 받는 것이다.

⑥ 공감 받는 것이다.

⑦ 인내심을 갖고 대하는 것이다.

가장 친절한, 편안한 호스피텔리티 간의 관계

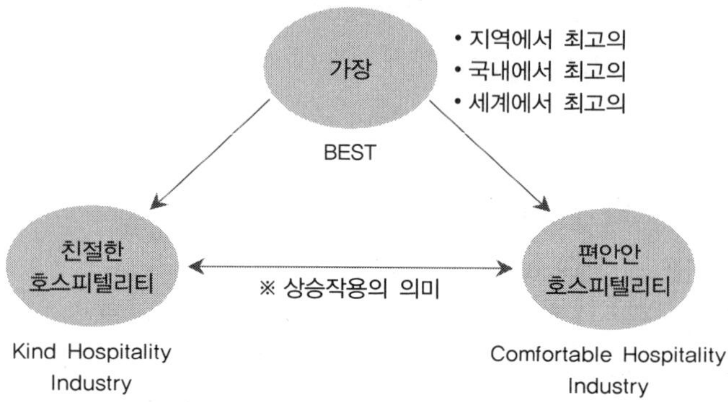

친절한 호스피텔리티	편안한 호스피텔리티
• 서비스는 항상 예절 바르게 (마음이 담긴 세심한 배려) • 서비스는 항상 정성스럽게 (4대 금지용어 추방) – 모릅니다. – 안됩니다. – 못합니다. – 없습니다. • 서비스는 항상 참신하게 (연구하고 개선하는 자세)	• 우리의 마음을 깨끗하게 (바르지 못한 행위 척결) • 우리의 호스피텔리티 산업을 깨끗하게 (서비스상품과 시설) • 우리의 호스피텔리티 산업 주위를 깨끗하게(서비스 환경 정화로 지역사회에 기여)

2 고객과의 접점

진실의 순간(Moment of Truth; MOT)이란, 제일선 종업원이 고객과 접하는 최초의 15초로서 고객과의 접점에 있는 현장 종업원의 서비스가 얼마나 중요한가를 의미한다.

특히 서비스산업에 있어서 차별화된 무엇이 고객을 접하는 최전방의 종업원들에 의해 창출되어야 하며, 바로 이들이 서비스기업의 사활을 결정짓는 사람이라는 것을 명심해야 할 것이다.

Moment of Truth

① 투우에서 숨통을 끊은 마지막 일격을 찌르는 결정타의 순간
② 급소를 찔려 다시는 꼼소리를 못하게 하는 순간
③ Moment of Truth : 피하려고 해도 피할 수 없는 입장

MOT(고객접점) 결정요소

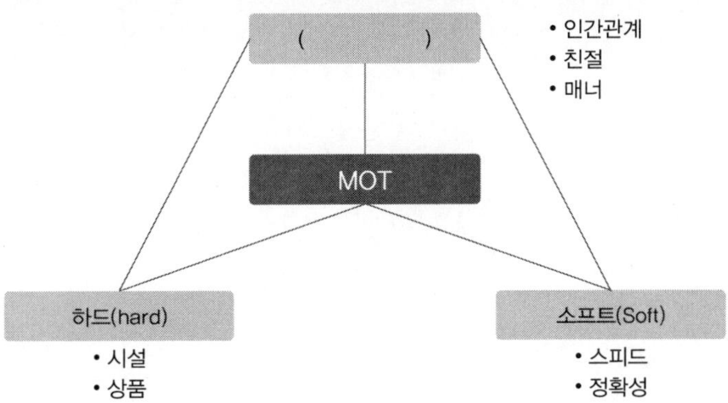

Key Point

1. 서비스 고객은 관심, 정당한 대우, 책임감, 완벽함 등을 원한다.
2. 가장(지역에서, 국내에서, 세계에서 최고의) 친절한 호스피텔리티, 편안한 호스피텔리티로 임해야 한다.
3. 고객과의 접점은 진실의 순간, 결정적인 순간의 입장이다.
4. MOT에는 인간관계와 Hard(시설, 상품), Soft(스피드, 정확성)의 삼위일체 속에서 이루어진다.

2 접객서비스의 기본자세

1 재빠른 대응을 하고 있는가?

접객할 때의 스피드란, 종업원이 스피드하게 행동하여 고객을 될 수 있는 대로 기다리지 않게 하는 것이라고 생각하고 있지만 사실은 재빨리 행동하는 것만이 스피드는 아닌 것이다. 접객서비스에서의 스피드의 내용을 물리적 스피드와 연출적 스피드의 둘로 나누어 생각할 필요가 있다.

물리적 스피드란 시계로 잴 수 있는 빠르기를 뜻한다. 그런데 연출적 스피드란 시계로는 잴 수 없는 빠르기의 뜻인데, 그것은 빨리하고 있다고 느끼게 하는 성의이며 빨리하고 있는 것으로 보이는 기술이다.

1) 흥미 있는 스피드감(感)

"곧 다 되니까 조금만 기다려 주십시오." 하고 말을 걸어도 물리적 스피드는 조금도 변하지 않지만 연출적 스피드가 생겨서 기다리고 있는 시간이 짧게 느껴지는 것이다. 즉 말 한마디로 인해서 종업원의 성의가 고객에게 전해져 스피드감이 생기는 것이다. 이것이 연출적 스피드의 중요한 점이요, 흥미 있는 점이기도 하다.

2) 연출적 스피드를 잊지 않도록

스피드를 물리적 스피드와 연출적 스피드로 구분해서 설명했지만 이 양자는 접객 때 어느 쪽도 마찬가지로 중요한 것이다. 하지만 자칫 물리적 스피드에 중점이 놓여 종업원이 재빨리 움직이는 것이 스피드라고 단락적으로 생각하는 사람이 많은 것은 곤란한 일이다.

왜냐하면, 물리적 스피드에만 주력하면 고객은 "저 가게는 빨라서 좋긴 하지만 접객이 기계적이고 차가운 느낌이 든다."고 받아들이기 때문이다.

2 스피드는 연출에 따라 느낌이 다르다

일본 교육 텔레비전의 '점포경영' 프로에서 언젠가 다음과 같은 실험을 한 적이 있다.

어느 중형 슈퍼마켓에 비디오카메라를 갖고서 계산대에서 기다리고 있는 손님들을 촬영하고 있었다. 오후 5시가 지날 무렵이 되자 슈퍼마켓 안이 조금씩 붐비면서 계산대 앞에 행렬을 이루었다. 그럴 때 한 젊은 주부가 장바구니에 4점 정도의 상품을 담고 계산대 앞에 서 있었다. 그 부인은 세 사람 째였으나, 곧 두 사람 째가 되고 이윽고 자기 차례가 되자 출납계산원이 계산기에 매물 금액을 두들기더니 대금을 청구했다.

그 부인이 대금을 치르고 떠나려 할 때, 옆에 있던 연출가가 마이크를 갖고 뛰어갔다. 그는 자기 신분을 밝힌 다음 "많이 기다리신 것 같은데, 이 계산대 앞에서 얼마나 기다렸다고 생각합니까?" 하고 묻자, 그 부인은 "꽤 기다렸어요. 3분쯤 될까." 하고 대답했다.

연출가는 "3분이나 기다렸다고 생각합니까?" 확인하고 나서 그는 주머니에서 스톱워치를 꺼내어 "손님이 기다린 시간은 불과 30초입니다."라며 보여 주었다. "네?" 그녀는 놀란 표정을 지었다.

그 부인은 불과 30초밖에 기다리지 않았는데도 3분이나 기다렸다고 여기고 있는 것이다. 어째서일까? 연출적 스피드가 마이너스로 작용했기 때문이다.

사실 이것은 슈퍼마켓의 약점이다. 알다시피 슈퍼마켓은 셀프서비스 판매이므로 고객은 자기 편한 속도로 상품을 살펴보거나 쇼핑을 할 수 있다. 따라서 급한 사람은 슈퍼 안을 구보로 돌아보면 되는 것이다.

그런데 살 것을 바구니에 담아서 빨리 돌아가려고 출구로 나오면 계산대 앞에 행렬이 이루어져 있다. 이렇게 되니 조바심이 나서 고작 30초를 기다려도 3분쯤 기다렸다고 느껴지는 것이다. 즉 안에서 부드럽고 편안하게 하면 할수록 출구에서 기다리게 되면 오래 기다려진 듯한 기분이 되는 것이다. 다시 말해 연출적 스피드가 마이너스로 작용한 것이다.

미국의 슈퍼마켓도 이 점에 골치를 썩이고 있다. 그래서 그들은 30대 정도의 계산대 중 1대를 '급행 출구'로 하고 있다. "6품목 이내인 고객은 여기서 계산합니다." 하는 게시판이 드리워져 있다. 이것도 연출적 스피드의 하나라고 말할 수 있을지도 모른다.

3 밝게 웃는 얼굴을 해야 한다

같은 대응을 해도 생글생글하면서 말하는 것과, 무뚝뚝한 표정으로 말하는 것과는 고객이 받는 느낌에 엄청난 차이가 있다. 그럼 웃는 얼굴로 접객하려면 어떤 것을 유의하면 될까.

첫째는, 고객에게 남을 헤아리는 마음을 갖고 대해야 할 일이다. 남을 생각할 줄 아는 마음을 갖는 것은 에티켓의 기본으로서 또한 접객서비스의 기본으로서 중요하다는 사실은 이미 잘 알려져 있다. 그러나 상대방을 헤아리는 일이 얼마나 어려운가는 여러분도 잘 알고 있을 것이다.

그렇지만 우리는 고객에게 서비스하는 쪽에 있다. 따라서 이 어려운 상대방의 입장을 생각하는 마음을 어떻게 하든 만들어내야 한다. 그러기 위해서는 실제로 고객의 입장에서 수많은 서비스를 연구할 일이다. 이에 따라 진정으로 고객의 기분을 생각할 줄 알게 되는 것이다.

4 세련되어 있는가?

스마트라고 하면 '날씬하다' 라든가 '멋지다'라는 의미로 많이 쓰이지만 영어사전을 보면 '세련되어 있다', '능숙한'이라는 의미가 있음을 알 수 있다. 여기서 말하는 스마트는 바로 이 '세련된', '능숙한'이라는 의미로 생각하기 바란다.

어느 날 친구와 커피를 마시러 커피숍에 들어갔다. 커피를 마시고 나서 얘기를 하고 있는데, 웨이트리스가 "물려도 될까요?" 묻고는 커피잔을 물리고 대신에 차를 갖다 주었다. "저희들이 서비스하는 차예요. 좀 뜨거우니까 조심해서 드세요."

덤으로 주는 서비스다. 그녀가 차를 두고 간 뒤 빨리 마셔 보려고 찻잔에 손을 댔더니 뜨거워서 들 수가 없었다. 자세히 보니 멋진 찻잔으로 테두리가 얇기 때문에 뜨거운 물의 온도가 밖으로 발산된 것이다. 그러나 아까 웨이트리스는 자못 태연하게, 정말 스마트하게 찻잔을 손에 들고 왔던 게 생각났다.

그렇다면 저 여성의 손바닥이 보통 사람보다 두꺼운 것일까. 그래서 그 웨이트리스를 불러 반 농담으로 손바닥을 보여 달라고 했더니 그녀는 이상히 여기면서 보여주지 않았다. 하는 수 없이 차의 찻잔이 뜨거워서 쥘 수 없음을 이야기하자, 그녀는 웃으면서 주방에 가서 둥근 쟁반을 갖고 왔다. 스테인리스의 보통 쟁반인데, 가장자리에 작고 흰 무명베가 네 겹으로 접혀있고 그 위에 작은 얼음조각이 놓여 있었다. 그것을 보는 순간 나는 속으로 "앗!" 하고 외쳤다.

그녀는 주방에서 손님자리에 이르는 동안 그 얼음으로 손가락을 차게 했던 것이다. 손가락이 차가우므로 이 뜨거운 찻잔을 자못 태연하게 잡아서 테이블에 내려놓은 것이다. 대단한 서비스가 다 있구나 하고 놀랐다.

그런데 흔히 듣는 이야기이지만 바다 위에 빙산이 떠 있으면 배는 그것을 피해서 지나간다. 부딪치면 뱃바닥이 손상되기 때문이다. 그러나 빙산을 피했는데도 뱃바닥이 파손되는 배도 있다. 그것은 바다 위에 떠있는 빙산의 몇 배나 되는 큰 얼음이 밑에서 그것을 떠받치고 있기 때문이다. 스마트한 서비스도 꼭 같아서 제공한 서비스의 몇 배나 되는 서비스가 밑에서 그것을 떠받치고 있는 것이다.

5 정성을 들이고 있는가?

접객서비스에 있어서의 성의란 고객이 즐거운 쇼핑을 할 수 있도록, 또 고객이 진정으로 갖고 싶은 것을 입수하도록 열심히 고객을 위해 노력하는 일이다. 따라서 이를 부연하여 설명하면, 성의는 지금까지 기술해 온 스피드, 스마일, 스마트의 3가지를 밑에서 떠받치고 있는 것이라 할 수 있다.

이미 설명한 바와 같이 스피드에 성의가 없으면 빠르긴 빨라도 기계적인 냉담한 서비스로 받아들여지고 스마일에 성의가 없으면 겉치레 웃음이거나 남을 업신여긴 웃음이라 오해받는다. 또 스마트에 성의가 없으면 독선적인 꼴이 되어버린다.

6 항상 공부를 한다

"학교를 졸업하면 이제 공부 같은 건 하지 않아도 된다."고 생각하는 사람이 있지만 이는 엄청난 착각이다. 사회에 나가면 학교에서 배운 그러한 학과는 공부하지 않을지 모르지만 직장에서 필요한 지식이나 기술은 착실히 공부해서 익혀 두어야 한다. 학교와 달리 테스트가 없다고 해서 공부를 게을리하면, 자기에게 맡겨진 업무를 수행할 수 없고, 주위 사람들로부터 비판의 소리가 나온다. 그 결과 상사와 선배는 불안스러워서 새로운 중요한 일을 맡기지 않게 된다.

직장에서 필요한 지식과 기술이란 판매로 말하면 상품지식과 고객의 심리에 관한 지식을 말하고, 또 어떻게 접객하며 어떻게 판매할 것인가 하는 접객판매기술을 말한다.

상품지식을 충분히 갖고 있지 않으면 고객의 질문에 대답할 수 없으므로 접객에 자신이 없어 매장에 서 있는 것 자체가 고통이 되기 때문에 착실히 공부해야 한다.

고객의 심리나 구매심리는 선배한테서 배우거나 책으로 배우지만 어느 정도 이해가 되면 자기가 실제로 고객의 입장에 서서 타 점포에서 실제로 쇼핑을 하며 연구하지 않으면 진정한 이해는 하기 어려울 것이다.

7 남을 생각하는 마음을 소중하게

영업의 원점인 룰은 충실히 지켜야 하지만 고객이라는 살 사람을 상대로 하는 판매에서는 남을 생각할 줄 아는 마음과 치밀한 배려, 거기에다 그 경우에 따른 기지가 필요하지 않을까.

판매란 단순히 물품을 파는 것만이 아니다. 물품을 통해서 고객에게 기쁨과 즐거움, 편리함과 쾌적함을 제공하는 것이 종업원의 참된 임무이다. 그래서 종업원은 최소한 고객의 입장과 고객의 감정, 기분, 욕구 등을 이해할 필요가 있다. 이것들을 이해하려면 자기가 실제로 고객의 입장에 서서 갖가지의 경험을 쌓아야 한다. '즐거웠다, 기뻤다'고 하는 플러스의 측면과 '난처했다, 화가 났다, 불쾌했다'고 하는 마이너스 측면을 구별하여 정리해 보면 각기 공통된 응대방법이 떠오르는 것이다.

그래서 플러스 측면을 자기의 접객 중에 조금이라도 많이 받아들일 노력을 함과 동시에 마이너스 측면을 반면교사(反面教師)로 삼아 자기의 접객방법을 반성하는 재료로 삼는 것이다. 이것만으로도 당신의 접객하는 방법은 상당히 향상되고, 고객이 좋아하는 서비스가 가능해진다고 생각한다.

8 세밀한 서비스란 어떠한 것인가?

본래 접객서비스는 고객 한 사람 한 사람에게 맞추는 것이므로 세밀하여야 한다. 거친 서비스가 있을 턱이 없지만 고객이 진정으로 만족하게 하기 위해서는 세밀한 부분까지 신경을 써서 실수가 없도록 주의하는 일이 중요하다. 그러기 위해서는 종업원의 진지한 노력과 성의가 뒷받침되어야 한다.

매일 아침 상품을 털거나 닦거나 해서 상품을 좋은 상태로 보이도록 하는 것도 종업원의 중요한 업무의 하나이다.

9 고객에 대해서는 당신이 기업의 대표

법률적으로는 대표자는 사장이지 종업원이 아니다. 하지만 쇼핑하러온 고객의 입장에서 생각하면 점포의 대표는 사장이 아니라 점두에서 실제로 자기를 상대해 주는 한 사람의 종업원인 것이다. 따라서 그 종업원의 응대여하에 따라서 점포의 우열이 결정돼 버리는 것도 당연한 것이다.

또 고객은 점포의 영업방침이나 서비스에 관한 생각을 사장이나 지배인으로부터 직접 듣는 건 아니다. 응대를 해주는 종업원의 태도나 동작을 통해서 그런 것을 미루어 집작하는 것이다. 이렇게 되니 종업원은 그야말로 점포의 대표이자 그 자체인 것이다.

10 성의는 이렇게 고객에게 알린다

종업원이나 그 점포의 고객에 대한 성의는 평소의 접객에서는 그다지 분명하게 나타나지 않는다. 적당히 접객하고 공손하게 머리를 숙이고 있으면 그것이 성의처럼 느껴지거나 한다.

성의의 유무를 지극히 명료하게 알 수 있는 것은 무슨 실수나 문제가 생겼을 때이다. 게다가 이 성의는 문제가 일어나고부터 서두르며 생각해서 되는 일도 아니다. 성의는 평소부터 고객에 대한 것을 무엇보다도 먼저 생각하고 고객을 위해 진력한다는 마음가짐에서 비로소 생기는 것이다.

Key Point

1. 흥미 있는 스피드, 연출적 스피드감 속에서 대응한다.
2. 이 때 스피드는 연출에 따라 느낌이 다르다는 것이다.
3. 밝게 웃는 얼굴을 해야 한다.
4. 세련되고, 정성을 들여가면서 끊임없이 연구하고, 남을 배려하는 마음가짐 등이 접객서비스의 기본자세이다.

3 접객서비스 행동

1 접객서비스의 기본

1) 고객과 인간

고객을 대한다는 것은 업무상 특수관계(고객과 종업원)를 형성하게 하는 것이며, 기본적으로 그 고객을 '한 사람의 인간'으로서 접대하려는 종업원의 마음자세가 먼저 확립되어야 한다. 인간의 속성을 예리한 마음으로 분석하고 그 결과에 따라 접객종업원이 취하여야 할 서비스들을 구체화하여 고객을 맞게 하는 것이다.

인간이란, 10인 10색이나 공통분모는 '인간의 자존심을 갖고 있는 고등동물'이라는 것이다. 나(自己)라는 존재가 전제되어야 사물의 의미가 있게 되는 것이므로 인간생활은 자기를 성취해 나가는 일련의 시공적 활동이다.

응대서비스는 인간과의 접촉과정에서 나타나는 현상이므로 먼저 고객의 정체인 인간을 위하는 행동 · 서비스가 어떠한 것이고 어떻게 형상화하여야 하는가에 초점을 맞추어야 한다.

2) 고객과 서비스맨

서비스업에 종사하는 사람도 역시 한 사람의 인간이다. 그도 인간이 갖는 자기의 자존심을 갖게 되므로 사람은 누구나 자기가 갖는 '자아적 자존심'과 그리고 타인(고객)이 갖고 있는 '또 하나의 자존심'을 맞게 된다. 이 양자의 관계유지가 이 사회에서는 인간관계라고 규정을 지우고 있다. 다시 말하면, 사회에서는 인간관계를 평등적 대등입장에서 보아 상대방의 자존심을 손상시키지 않으면서 자신의 만족을 가져다주는 것, 즉 나와 남의 인격에 변화를 일으키지 않고서 사람들과 접촉하는 과학으로 간주하고 있다.

그러나 고객과 서비스맨의 관계는 이와 같은 기본적 인간관계를 바탕으로 하면서 더 나아가 고객의 자아를 적극적으로 성취시키는(상대적으로 자기의 자아에 대한 인격적 변화가 올 수도 있겠으나) 고객 대 종업원의 관계라는 점에서 인간관계론과는 그 성격을 달리한다고 보아야 한다. 인간관계에서는 이 양자의 자존심의 갈등 가능성을 상호 협력 하에 그리고 일정한 룰의 적용을 받으면서 좋은 인간관계를 이끌어가는 것이겠으나, 서비스 중에도 접객응대서비스는 먼저 종업원이 일방적으로 고객과의 좋은 관계형성을 얻기 위하여 종업원의 1차 행동유발이 요구되고, 이로 인한 고객의 반응(좋은 반응)을 2차적으로 유도하는 보다 적극적인 인간관계로 시작하여야 한다.

3) 인간과 자존심

인간의 기본욕구로서 자아(또는 자존심)는 실은 인간 속에 간직한 '신성의 불꽃'으로 인간은 누구나 그 마음속에 자기 자신을 가장 사랑하고 그렇기 때문에 존경받기를 요구하는 심성이 있기 마련인 것이다. 이러한 심성 때문에 다음과 같은 욕구가 생긴다.

① 사람은 누구나 자기중심주의가 된다.
② 이 세상 누구보다도 자기 자신에 대하여 흥미를 갖게 된다.
③ 자기를 무엇보다 가장 중요하다고 생각하며, 또한 중요한 존재이기를 바라고 있다.
④ 자기를 다른 사람에게 인정을 받음으로써 자기 자신을 확인하려고 한다.

그런데 이러한 욕구가 스스로 만족하고 있는 것이 아니라 타인이 만족시켜 주도록 원하고 있으므로, 다시 말하면 인간은 자존심에 굶주리고 있다는데 문제가 있다.

서비스에서 접객서비스의 기본방향은 바로 이러한 기본욕구의 일정한 법칙에 따라 충족시켜 주어야 하는 것이며, 서비스맨의 기본자세이기도 하다.

4) 고소득 시대와 서비스

인간은 일반평등으로 만인이 자존심을 갖는다고 할 수 있으나 그 욕구의 강도는 사회적 환경에 따라 변하고 있다. 즉 개인소득

수준, 교육수준, 사회문화적 배경은 이를 결정짓는 주요 요인이 된다. 그 중에서도 소득과의 관계는 함수관계가 큰 것으로서 소득이 낮아 생활에 위협을 받는 사람보다 소득이 높은 소위 문화 지향적 인간에게는 이 자존심의 욕구는 강렬하며, 생명 이상의 가치를 부여하기까지 이른다. 명예를 위하여 생명까지 불사하는 것이 이러한 영향인 것은 더 말할 나위가 없을 일이다.

오늘날 고소득시대에서 서비스문화가 더욱 요구되고 있는 것은 이제까지의 물질충족이라는 2차 욕구는 충족되었으므로 이제 정신문화적 2차 욕구로 차원을 달리하고 있다는 새로운 의미 때문이다.

유럽호텔은 Greeter라는 호텔 종업원을 정문의 입구에 근무케 하여 단골고객의 이름을 불러 주고 공손히 인사를 하도록 하고 있다. 이것은 고객이 볼 때 자기의 이름을 기억하여 불러주는 것을 자기인지의 욕구충족으로 받아들이고 고객이 더욱 기쁜 마음을 갖는 효과가 있기 때문이다.

5) 고객과의 커뮤니케이션 행동

고객과 서비스맨과의 커뮤니케이션 행동에는 언어 외적 커뮤니케이션 행동과 언어 행동으로 대별할 수 있다. 고객을 영접할 때 첫 환영사로서 "어서 오십시오" 하고 인사를 한다. 이것을 분석하여 보면 "어서 오십시오"라는 말과 깍듯이 예의 바르게 절을 하는 행동으로 나타나게 된다. 이 양자가 동시적으로 표현되는 현상이 하나의 고객에 대한 인사로서 구성된다고 본다.

그런데 이러한 고객과의 커뮤니케이션 행동은 이 두 가지 요인(verbal factor와 body factor)이 어떤 형태로 상호운동 작용을 하느냐의 여부에 따라 서비스응대의 포인트가 되고 있다. "어서 오십시오"라는 언어적 요인에 '절'이라는 언어 외적 요인의 균형 있는 행동만이 '공손하고 친절'한 고객의 영접이 되는 것이며, 만약 양자 중 하나만이 불균형으로 나타날 때, 즉 절은 없는데 인사말만 있거나, 인사말이 없이 절만 한다거나 하는 경우는 친절 있는 인사라 볼 수 없게 된다. 같은 예로서 "감사합니다."라는 말에도 그에 상응한 언어 외적 요소, 즉 미소가 없을 때 역시 접객 서비스의 문제요건이 된다.

고객 커뮤니케이션 행동

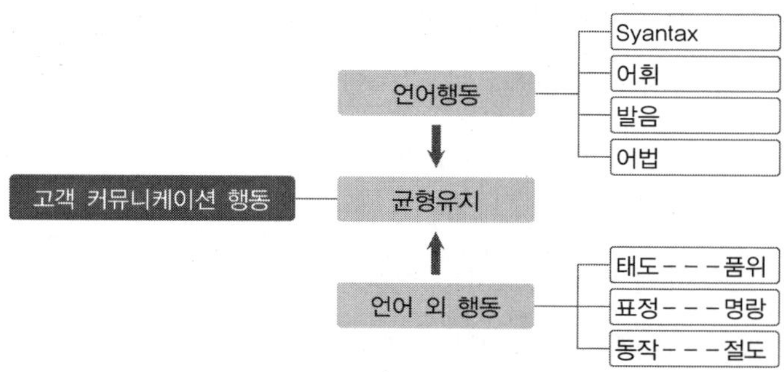

6) 서비스와 환경

인적 서비스는 고객과의 커뮤니케이션 행동이라고 볼 때, 이것들이 이루어질 수 있는 장소적 여건은 곧 환경으로 표현할 수 있다.

환경은 투자로 제반 설비들을 갖추는 것이 주가 되겠으나, 반면 서비스차원에서 보는 환경은 종업원 스스로가 조성할 수 있는 비투자적인 것이다. 영업장은 시간이 감에 따라 고객의 이용도에 따라 부단히 파괴되어지고 있는데, 서비스 종업원은 이 환경을 원상으로 회복시키며 계획 · 유지하여야 한다.

예를 들면, 벽에 붙여진 포스터는 일정기간이 지나면 새것으로 바꾸어 붙여야 하며, 손상된 안내표시물을 즉각 새로운 것으로 교체하여야 하고, 휴지 · 오물은 시간을 재촉하여 제거시켜야 하며, 사업장은 영업소가 아니라 하나의 Public Place라는 개념 하에 종업원들의 사물은 노출될 수 없는 곳이고, 고객이 보아서는 안 될 불결한 물건들은 즉각 제거하고, 원래 제 용도에 맞도록 사용하지 못하고 편의상 임시적으로 사용하는, 즉 백화점에서 가격표시 용지로 제작한 일정 양식의 인쇄물을 엉뚱하게도 안내표시용으로 대용하는 것 등을 들 수 있다.

이러한 것들은 서비스적, 그것도 접객서비스에서 고객의 정서적 측면을 고려하여 쾌적하고 깨끗한 영업장을 만들어야 한다는 기본인식 하에 환경을 정돈하고 세련된 분위기를 조성하는 것이 비투자적 환경조성의 길인 것이다.

서비스맨과 서비스 스태프

1) 서비스맨과 서비스 스태프의 마음자세

여기서 외국의 사례를 하나 들겠다. 일본의 도쿄 디즈니랜드 운영이념에는 안전성, 예의범절, 쇼(show), 연구, 효율을 제시하고 있다.

이곳에는 약 200가지의 직종이 있는데, 각 분야별로 극히 세밀한 부분까지 매뉴얼에 입각한 행동지시를 하고 있다. 그러한 행동기준의 상위개념인 운영이념에는 서비스를 직접 고객에게 제공하는 사람(서비스맨)과 서비스맨을 보좌・지원하기 위해서 일하는 사람(서비스 스태프)의 마음자세가 어떠해야 하는가가 잘 표현되어 있다.

① 안전성 : 모든 동작과 설비는 고객의 안전을 최우선으로 고려하여 행동하고 설치한다. 서비스맨의 고객과 직접 얼굴을 마주 대하는 경우가 많기 때문에, 보통 머리와 손톱을 짧게 하는 것이 원칙으로 되어 있다. 손톱이 조금이라도 길면, 고객에게 불쾌감을 주는 이외에도 상처를 주거나 세균성 식중독을 일으킬 위험이 있기 때문이다.

2) 서비스맨과 서비스 스태프의 평가

서비스는 고객의 입장에서 느낀 감각적 효용과 심리적 효용의 정도에 의해서 평가를 받는다.

① 고객에 의한 평가 : 서비스의 좋고 나쁨은 고객이 만족하는지의 여부가 평가기준이기 때문에 '고객의 소리'에 의해서 평가된다.
② 현장에서의 평가 : 고객을 직접 마주대하는 장소가 많으므로 현장(고객과의 만남)에서 평가된다.
③ 고객과의 접촉에 의한 평가 : 서비스맨은 고객이 존재하는 시간과 공간에 동시에 존재하고 있으므로, 고객의 눈길이 머무는 사이에는 언제나 평가를 받는다.
④ 서비스맨의 태도・몸짓・행동 등에 대한 평가 : 서비스맨의 행동・센스・체력이 제공하는 서비스의 질을 규정하므로 인격과 동작 및 몸에 배어있는 것 등 모든 것이 평가되고 있다.
⑤ 입에서 입으로 전해지는 것을 중심으로 하는 평가 : 서비스의 좋고 나쁨, 좋아하거나 싫어하는 것은 고객이 주관적으로 느끼는 것이며, 현물이 없기 때문에 입에서 입으로 전해들은 바에 따라서 평가되는 경우가 많다.

2 접객서비스 실천항목

1) 고객을 인간적으로 만족케 하라

일상 업무에 있어서 서비스맨은 항상 모든 고객은 인간으로서 어떤 굶주림과 목마름에 허덕이고 있음을 간파하고, 서비스맨은 그것을 풀어주어야 한다는 사명감을 먼저 갖고 고객을 맞이하여야 한다.

예의나 예절은 따지고 보면 인간으로서의 가치를 지니고 있다는 사실을 확인하기 위한 인간의 보편적인 굶주림의 소산이다. 서비스맨의 예의나 예절바른 행동은 "나는 고객의 중요성을 인정합니다."라고 표현하는 방법인 것이다.

사람은 상대가 예의에 벗어난 행동을 보일 때에는 비예의적 현상 그 자체에 불만을 갖는 것이 아니라, 자기가 상대방에게 중요한 존재로서 인정 · 평가되고 있지 않고 있다는 자존심에 대한 도전으로 받아들이고 있기 때문에 부정한 것이다. 서비스는 바로 이러한 관점에서 고객의 중요성을 가시적으로 확인시켜 주려는 것이 서비스맨은 예절바른 좋은 매너로써 고객을 맞이하여야 한다.

2) 고객을 서비스로 유도하라

고객을 서비스한다는 소극적 자세보다 고객이 우리들의 서비스를 잘 받아들일 수 있도록 우리들이 먼저 고객의 행동을 유도하는 것이다.

① 고객들에게 우리들이 바라는 행동을 유도하라.
② 고객을 거칠게 대하면 고객도 거칠어진다.
③ 열의 있는 서비스로 고객을 대하라.
④ 서비스맨은 자신감을 가져라.

3) 고객은 귀중하다

우리들의 주변 인물, 남편이나 아내 · 자녀, 또는 직장의 상사, 동료 종업원이나 고객 등 모든 사람들이 우리들에게 얼마나 귀중한가를 깊이 생각하여야 한다. 그리고 상대방에게 우리들이 그들을 얼마나 높이 평가하고 있다는 사실을 알리는 방법을 알고 있는 것이 무엇보다 중요하다.

다음에서 고객을 귀중하게 여기는 몇 가지 방법을 들어 본다.

① 고객으로 하여금 애를 먹지 않도록 만전을 기한다.
② 고객을 기다리게 하지 말고, 불가불 기다리게 하지 않을 수 없을 때에는 그 이유를 분명히 밝힌다.
③ 고객에게는 항상 감사의 말을 한다.
④ 고객을 항상 특별 취급한다는 마음가짐으로 대한다.
⑤ 특별취급에 대해 좀 더 부연 설명한다. 사람은 누구나 특별한 존재로 취급되기를 바라고 있다. 자기의 독자적인 가치를 인정받고 싶어하는 것이다.

4) 고객을 미소로 맞이하라

서비스맨은 고객을 끌어당겨 그에게 호의를 갖게 하려면 모든 것이 조급하여서는 안 된다. 여유 있고 편안한 기분으로 서비스를 제공하고 이를 받을 수 있는 분위기를 조성하여야 한다. 마음이 초조한 사람이 절대로 하지 못하는 것은 미소를 짓는 일이다. 인간은 마음에 불안이나 걱정을 안고 있으면 미소 짓는 일은 불가능하다. 미소는 마음을 편하게 해주고 자신을 나타내준다. 미소는 자기가 기대한 대로 고객을 끌어올 것을 알고 있다고 말해주고 있는 것이다.

① 미소로 첫인상을 좋게 한다.
② 미소는 마음에서 우러나오도록 한다.
③ 서비스는 미소로부터 시작한다.
④ 미소는 연습으로 익숙시킨다.

5) 고객의 말 듣기를 잘하라

고객의 말을 잘 듣는 방법을 소개하면 다음과 같다.

① 말하는 고객을 주시하라. 고객의 말을 들을 가치가 있다면 그를 주시할 가치도 있다. 이는 우리들의 주의를 고객의 말에 집중시키는데 도움이 된다.
② 고객의 말에 관심이 있다는 것을 태도로 나타내라. 고객의 말에 응답하고 미소를 보내며 기분을 고객에게 맞추라.

③ 상체를 고객에게로 내밀라. 보다 적극적으로 듣는다는 태도 표현이다.

④ 질문을 하라. 질문을 함으로써 고객은 자기의 말을 종업원이 틀림없이 듣고 있다는 사실을 알게 된다.

⑤ 말허리를 자르지 말라. 고객은 자기의 말허리를 자르지 않고 끝까지 들어 주는 것을 좋아한다. "이런 부분에 대하여 다시 한 번 말씀해 주십시오."와 같이 말을 청한다.

⑥ 고객의 표현을 사용하여 의견을 개진하라. 고객의 이야기가 끝나면 그 고객의 말 일부를 반복 사용하여 자기의 의견을 개진한다. '고객이 지적한 바와 같이…' 하는 방법이다.

6) 고객을 친절하게 설득하라

접객 과정에서 고객을 설득하여 우리들의 의견에 따르도록 해야 할 일이 계속 일어나기 마련이다. 고객은 개개인이 개성을 지니고 있기 때문에 종업원과 고객과의 의견이 맞지 않는 경우가 많은 것이다. 이러한 경우 우리들은 고객을 보다 친절히 설득하여야 할 의무가 있으므로 다음 사항을 유의하여 고객을 설득하도록 한다.

① 반대의견을 펴서는 안 된다.

② 고객의 자아(自我)를 보호한다.

③ 고객과의 논쟁을 지혜롭게 대처한다.

7) 고객을 더욱 기쁘게 하라

고객이 서비스맨으로부터 그들이 제공받은 서비스에 흡족하고, 더 나아가서 기쁜 마음을 갖도록 하기 위하여 서비스맨은 노력해야 한다. 고객을 더욱 기쁘게 하기 위해서는 다음 몇 가지 사항을 실천에 옮기도록 한다.

① 칭찬을 할 줄 아는 서비스맨이 된다.
② 친절한 말을 아끼지 않는다.

8) 고객의 분노를 가라앉혀라

고객을 화나지 않게 함이 무엇보다 서비스맨의 의무이나 일단 화가 난 고객은 가라앉히도록 노력하여야 한다. 통상적으로 '이쪽의 목소리의 상태가 상대방의 목소리 상태를 조절한다'는 원리가 있다. 또 하나는 화가 나서 소리를 지르는 것인지, 소리를 질러서 화가 나는 것인지는 '암탉이 먼저냐' 또는 '달걀이 먼저냐'와 같다. 그것은 아무튼 호통을 치면 칠수록 화가 더욱 난다는 사실이다.

심리학에서 실증된 바에 의하면, 부드러운 목소리로 이야기를 하고 있으면 화는 나지 않는다고 한다. 즉 '부드러운 대답은 분노를 몰아낸다'는 원리다. 일촉즉발의 긴장상태에 빠져 있을 때, 의식적으로 목소리를 낮추어 부드럽게 이야기하면 된다. 이렇게 하면 상대방 고객도 따라서 자기 목소리를 부드럽게 바꾸게 된다. 고객이 이미 화가 몹시 났을 때라면 이 방법도 효과가 없는 경우가 있다. 그러므로 종업원은 이 방법을 사전에 사용하여 고객의 분노를 미리 막도록 한다.

9) 고객의 잘못을 지적하지 말라

고객의 결점을 지적한 행위는 있을 수도 없겠거니와, 만약 어떠한 언쟁 끝에 그의 잘못을 지적할 때(이것은 직접으로 고객의 잘못을 지적한다기보다 자기가 뚜렷이 옳다고 주장할 때 상대적으로 그 고객은 그렇게 느낄 것이다) 이것은 고객의 자존심을 깎아내림으로써 자기 자신의 자존심을(때로는 무의식중에) 높이려 하는 것이다. 끊임없이 다른 사람의 결점을 찾아내고 깎아내리며 잔소리를 하는 것은 모두가 비열한 자존심의 발로인 것이다.

그러나 서비스맨은 이러한 일반적 심리발로를 극복하고 고객의 잘못을 스스로가 고치도록 유도할 책임이 있다. 이것은 정말 탁월한 수완이 요구되는 일로써 서비스맨의 자질이 여기에서 결정된다고 하여도 과언이 아니다.

3 베스트 서비스맨의 육성

1) 서비스담당자 육성의 핵심

서비스는 제공자와 이용자의 '인간끼리의 고객'을 중심으로 진행한다. 서비스담당자의 수준이 서비스의 수준이기도 하다. 따라서 서비스업에서 인재육성의 문제는 매우 크기 때문에 여기서는 서비스 비즈니스에 있어서 인재육성의 핵심을 설명하는 것으로 끝내도록 한다.

일반적으로 서비스담당자와 타분야 사람들과의 차이점을 설명하면 다음과 같은 점들을 들 수 있다.

① 파트타이머이며 아르바이트가 많다.
② 4시간 근무체제일 경우 변칙근무가 많다.
③ 전문가형과 표준형이 있다.
④ 고객과의 접촉이 많다.
⑤ 말씨가 중요한 의미를 가진다.
⑥ 매뉴얼화 된 직무가 많다.
⑦ 훈련이 교육의 주류이다.
⑧ 자유 · 전문직이 많다(직책명이 흔히 외래어로 표기된다).

서비스 담당자의 육성과정

육성 항목의 명확화	육성에 사용하는 수단	서비스 트레이닝
• 직무 · 직계구분 • 필요한 능력 확인	• 매뉴얼 • 시청각 도구 • 육성 시트	• 현장주의 • 즉시주의 • 반복주의
어떤 능력을	어떤 방법으로 →	효과적으로 육성해 갈 것인가?

2) 육성 항목의 명확화

(1) 직무 · 직계 구분

우선 서비스담당자의 직무를 명확히 해준다. 서비스의 직무는 매우 세분화된 추세에 있다. 또 전문가형 서비스업과 표준형 서비스업에서는 제각기 기대되는 능력과 동기의 설정방법이 달라지게 된다.

(2) 필요한 능력의 확인

직무·직위에 따라서 필요한 능력을 열거하는 것인데, 다음 그림과 같은 절차에 따른다.

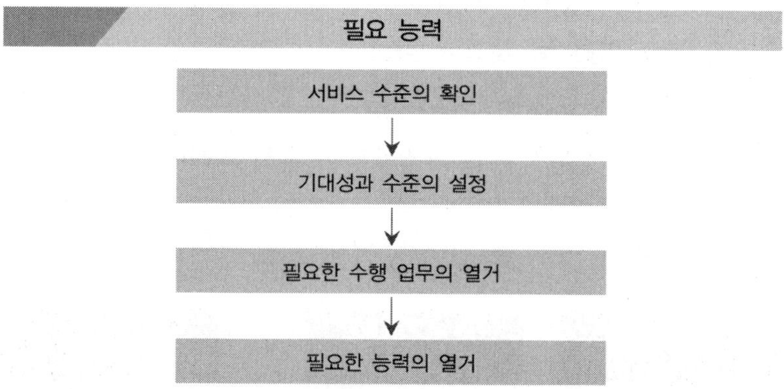

3) 육성에 사용하는 도구와 수단

(1) 매뉴얼

서비스 업무를 수행하기 위해서 필수적인 것이 매뉴얼이다. 이러한 매뉴얼을 효과적인 육성수단으로 완성시키려면 조건이 필요하다.

① 이해하기 쉬워야 한다. 흔히 해야 할 일을 단순히 열거하거나 조목별로 기록한 매뉴얼이 있는데, 이래서는 들여다 볼 마음조차 나지 않는다. 그림 · 삽화 등을 넣어서 읽지 않더라도 보면 곧 알 수 있도록 한 매뉴얼이 좋다.

② 요점을 파악한다. 각 서비스의 요점을 명기해 두어야 한다.

③ 라인(현장) 근무자가 중심으로 작성한다. 첫째 · 둘째의 조건을 충족시키기 위해서도 필요하다. 교육 스태프가 온 힘을 기울여서 만든 매뉴얼도 그것이 사용하는 입장에서 만들어지지 않았기 때문에 '그림의 떡'으로 그치고 마는 경우도 적지 않다.

(2) 시청각 도구

한 마디로 시청각 도구라 해도 여러 종류가 있다. 그 주류를 이루는 것은 역시 비디오이다. 경쟁상대를 분석하기 위해서 경쟁기업의 내부를 찍은 슬라이드를 이용하거나 고객의 반응을 확인하기 위한 녹음테이프를 사용하거나 해서 효과를 올리는 곳도 있다.

아무튼 목적 의식을 가지고 제각기의 기능 특성에 따라서 활용해야 한다. 또 서비스의 경우 다른 분야보다는 최첨단의 도구를 사용하고 있는 것이 특징이다. 예컨대, 비행기의 조종사를 양성하는 경우 마치 실제적인 항공기 조종과 똑같이 주위의 풍경이 변화하거나 비행기의 진동을 느끼도록 하면서 교육을 실시하는데, 이것은 시뮬레이터 하는 대형 시각 · 청각 · 촉각도구이다.

(3) 육성시트

육성시트, 능력개발 계획표, ○·× 체크리스트 등 여러 가지 명칭이 사용되고 있는데, 요는 능력을 몸에 익히기 위해서 능력개발 목표를 세우고, 계획적으로 목표와 현재 발휘 능력의 갭을 확인할 수 있는 수단이면 된다.

① 육성수단(도구)은 매뉴얼과 시청각도구 및 육성시트의 3가지 수단이 주로 이용되고 있다.
② 매뉴얼 작성상의 포인트는 이해하기 쉽고, 요점을 파악하며, 라인 실무자 중심으로 작성한다.
③ 시청각 도구의 활용 포인트는 기능의 특성을 근거로 하여 목적에 따라 사용할 것이다.
④ 서비스의 경우에는 최첨단 교육수단을 사용하고 있는 것이 특징이다.

4) 서비스 트레이닝

서비스 트레이닝의 첫 번째 핵심은 현장주의라는 점이다. 상사가 부하를 교육할 때 그 현장에서 가르쳐서 일깨워 주는 것이다. 만약 장소가 바뀌면 놓여져 있는 상황이 바뀌어져 버리므로 이미지가 흐트러지고 말기 때문이다.

두 번째의 핵심은 즉시주의이다. 1시간이나 2시간이라도 시간이 경과해 버리면 기억이 희미해지고, 자신이 어떻게 서비스 업무를 했는지 잊어버리고 만다.

세 번째의 핵심은 반복주의이다. 기술적이고 인간적인 것일수록 스스로의 체험이 큰 비중을 차지한다. 따라서 반복함으로써 효과를 확실히 한다.

그리고 이상 3가지의 핵심을 파악하기 위해서는 그것을 가능하게 하는 상황조성이 필요해진다.

서비스의 트레이닝 포인트

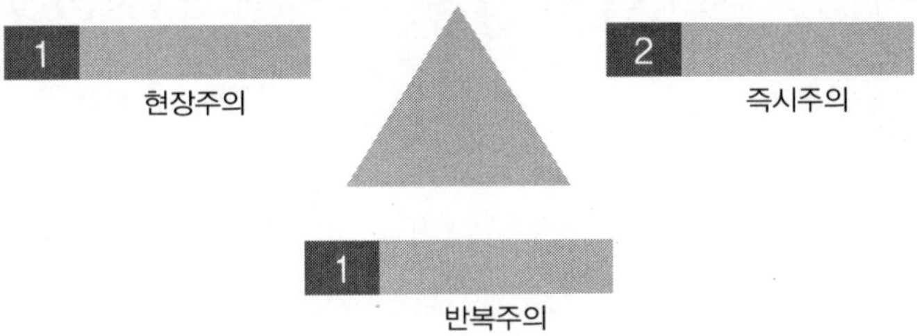

롤 플레잉의 전개단계

몸에 익힐 능력의 명확화	습득해야 할 능력 과제는 무엇인가?
↓	
롤 플레잉의 시나리오 작성	시나리오 작성
↓	
사전학습	시나리오에 입각한 자신의 역할과 포인트를 파악해 둔다.
↓	
트레이닝 실시	시나리오에 입각한 롤 플레잉을 실시한다.
↓	
모니터링	실시 후 비디오를 통해서 반복하여 교육한다.

Key Point

1. 고객인간이라는 특수관계를 이해해야 한다.
   최소한의 인간의 자존심을 지켜라.
2. 고객과 서비스맨, 고소득시대와 서비스 등을 숙지해야 한다.
3. 오늘날 서비스 환경의 변화가 있다.
4. 접객서비스 실천항목을 숙지해야 한다.
5. 과연 베스트 서비스맨의 육성방법은 없는 것인가?
   이 때, 서비스 담당자의 육성과정을 토대로 필요한 능력을 체크한다.
6. 서비스 트레이닝 포인트는 현장주의, 즉시주의, 반복주의가 있다.

지은이 약력

仁山 원융희

경기대학교 관광경영학과를 졸업(학사)한 뒤 경희대학교 경영대학원 관광경영학과를 수료(석사)하고, 세종대학교 대학원(경영학과)에서 관광경영 전공으로 경영학박사학위를 받았다.
2005년도에는 미국 남 일리노이주립대학교 관광학과에서 교환교수로 있으면서 폭넓은 견문을 접할 수 있는 기회를 갖기도 하였다.
일찍이 서울플라자호텔과 서울 밀레니움 힐튼호텔에서 현장업무를 익혔으며, 우송정보대학 관광경영과 교수를 거쳐 용인대학교 문화관광학과에서 교수로 강의에 임한지 30여년이 되다보니 남다른 이론이 뒷받침된 가운데 실무와 강의의 감각 등이 어우러져 강의의 내용이 실용적이고 생동감이 있게 학생들에게 전해지게끔 하고 있으며, 서비스, 호텔경영, 식음료, 실버산업, 그리고 병원경영학 관련서적에 이르기까지 더욱 품격 있고 가치 있는 글을 찾기 위해 다방면의 저술활동에 노력을 하고 있다.
최근에는 레스토피아를 통하여 서비스와 레스토랑 컨설팅에도 임하고 있다.

고객서비스 테크닉

2012년 6월 25일 초판 1쇄 발행
2016년 1월 15일 초판 3쇄 발행

지은이 원융희
펴낸이 진욱상 · 진성원
펴낸곳 백산출판사
교　정 편집부
본문디자인 편집부
표지디자인 오정은

등　록 1974년 1월 9일 제1-72호
주　소 경기도 파주시 회동길 370(백산빌딩 3층)
전　화 02-914-1621(代)
팩　스 031-955-9911
이메일 editbsp@naver.com
홈페이지 www.ibaeksan.kr

ISBN 978-89-6183-590-9
값 13,000원